Anton Schmitt

Führer durch Fulda

Anton Schmitt

Führer durch Fulda

parzellers
BUCHVERLAG

ISBN 978-3-7900-0329-1
16. Auflage

Fotos: Erich Gutberlet, Großenlüder
Layout und Umschlag: Peter Link
Druck und Verarbeitung: Rindt-Druck, Fulda

Inhaltsverzeichnis

66
86
49
103
Schloß
Paulspromenade
Kastanienallee
Wilhelmstr.
Bonifatius-
platz
Hexenturm
Habsb. Gasse
Pfand-
haus-
Severi
berg
König-
Am Hopfengarten
Mühlenstr.
Lucken
Die Zahlen des Plans benennen die Seiten, auf der Sie die Beschreibung der einzelnen Sehenswürdigkeiten finden.

Rathaus
Heertor
Am Heertor
Omnibusbahnhof
138
96
98
101
104
108
Universitäts-platz
Borgias-platz
Unterm Heilig Kreuz

Vorwort

Die vorliegende 16. Auflage des „Führers durch Fulda“ wurde wiederum – wie alle vorausgegangenen – überarbeitet und aktualisiert. Die Gliederung und Ordnung des Buches entspricht der, die Anton Schmitt bereits für die erste Auflage wählte. Einer Einführung in die Geschichte des Klosters und der Stadt folgen Darstellungen der wichtigsten Sehenswürdigkeiten der Kernstadt, der sie unmittelbar umgebenden ehemaligen Klöster und Propsteien sowie Hinweise auf weitere empfehlenswerte Ziele.
Auch dieser 16. Auflage sei mit auf den Weg gegeben, was der Verfasser im Vorwort zur ersten Auflage formulierte: „Möge das Büchlein dazu beitragen, die Kenntnisse über Fuldas Geschichte und Kunst in weitere Kreise zu tragen und die Liebe zu unserer schönen Stadt zu wecken.“
Diesem Vermächtnis und Auftrag Anton Schmitts hoffen Verlag und Herausgeber auch mit dieser Auflage gerecht zu werden.

Fulda, im Januar 2013
Thomas Schmitt

Sinnbild des Barocks:
die Floravase (1728)

ehrwürdig und berühmt durch seine kulturelle Tradition, blickt auf ein mehr als 1250-jähriges Bestehen zurück. Das Kloster Fulda war im frühen Mittelalter ein geistiges Zentrum des Frankenreiches. Hier wurde die römische und christliche Überlieferung bewahrt, gepflegt und weitergegeben. In jene Zeit fiel die erste, vielfältige Frucht bringende Blütezeit des Klosters, welches 744 auf Geheiß des Bonifatius von Sturmius gegründet worden war.

Das heutige Erscheinungsbild der Innenstadt ist jedoch von einer anderen, viel späteren Kunstepoche geprägt. Fulda ist eine

STADT DES BAROCKS

Der römisch-barockes Empfinden ausstrahlende Dom, die in reinster und reifster Form gebaute Orangerie und die davorliegende Freitreppe mit der Floravase, einem Juwel der deutschen Barockplastik, bieten nachhaltige Eindrücke.

Weit erhoben über ihr künstlerisches Einzeldasein werden diese Bauten jedoch durch den Zauber ihrer Umgebung. Sie sind umsäumt von einem Kranz vornehmer Barockbauten, dem ruhigen, wuchtigen Schloss, der mehr heiter-frohen Domdechanei, etlicher repräsentativer Adelspalais, von Bürgerhäusern und Verwaltungsgebäuden. Alle diese Bauwerke bilden zusammen mit dem von barocker Landschaftsarchitektur geprägten Schlossgarten und nach Norden hin begrenzt von dem großartigen Paulustor das Fuldaer Barockviertel. Und inmitten dieser barocken Herrlichkeit steht die uralte, in ihren ältesten Teilen aus karolingischer Zeit stammende Michaelskirche.

Der einheitliche und ungebrochene Gestaltungswille des 18. Jahrhunderts hat Fuldas Barockviertel zu einem außerordentlich harmonischen, in sich geschlossenen Stadtbild geformt. Das

Schloss war die Residenz der Fürstäbte und Fürstbischöfe und kündet noch von ihrer ehemaligen weltlichen Macht.
Fulda ist, darauf weist unübersehbar das 1842 dem Schloss gegenüber errichtete Denkmal hin,

DIE STADT DES HEILIGEN BONIFATIUS

Winfried – so lautete sein Name ursprünglich – wurde um 673 in Crediton/Wessex geboren. Seine Erziehung und Bildung oblag den Benediktinern; zunächst im Kloster Exeter, später in Nursling, wo er auch die Priesterweihe empfing. Nach einer misslungenen Missionsreise zu den Friesen (716) begab er sich 718 nach Rom und erhielt dort von Papst Gregor II. 719 zugleich mit dem Auftrag zur Missionsarbeit im Frankenreich den Namen Bonifatius. 722 in Rom zum Bischof geweiht, wurde er von Gregor II. 732 zum Erzbischof und 738 zum päpstlichen Legaten ernannt. Bonifatius' Ziel war es, die im Entstehen begriffene Kirche wirkungsvoll zu organisieren und fest an Rom anzubinden. Deshalb gründete er zahlreiche Bistümer (Salzburg, Freising, Regensburg, Passau, Eichstätt, Würzburg, Erfurt, Büraberg). 744 ließ er das Kloster Fulda gründen. 747 wurde er Bischof von Mainz. Zu seiner letzten Missionsreise zu den Friesen brach er 753 auf. Am 5. Juni 754 wurde Bonifatius mit 50 Gefährten bei Dokkum (Holland) ermordet. Sein Leichnam wurde nach Fulda gebracht und fand seine letzte Ruhestätte in der Stiftskirche.
„Er bleibt nicht nur eine über alle Geschichte hinweg verehrungswürdige Erscheinung: Er gehört auch unverlierbar zu unserer deutschen und europäischen Geschichte, wir zehren von seinem Erbe, denn die von ihm vermittelte abschließende römisch-germanische Begegnung war geschichtsträchtig im höchsten Sinne; der Mönch aus Wessex, der beim Stuhle Petri die Missionsvollmacht einholte, der bei Hessen, Thüringern, Bayern und Friesen, bei austrasischen und neustrischen Franken wirkte, der den universalen kirchlichen Zusammenhalt erneuerte, er gehört zu den bahnbrechenden Initiatoren, zu den Baumeistern unseres Kulturkreises.“ (Schieffer, Theodor,

Winfried-Bonifatius und die christliche Grundlegung Europas, Freiburg 1954, S. 286.)

Am Grab des Apostels der Deutschen versammeln sich alljährlich die deutschen Bischöfe. In den Festwochen (um den 5. Juni) ziehen aus allen Richtungen Prozessionen heran, heute wie früher. Solange die heiligen Gebeine in Fuldas Erde ruhen, wallfahren, pilgern fromme Beter zu diesem Grab. Seit über 1250 Jahren. Kaiser und Könige kamen, Päpste und Kirchenfürsten. Mächtige und Große und noch viel mehr Hilfsbedürftige

Detail aus dem Antependium des Altares über dem Bonifatiusgrab

Das Bonifatiusdenkmal

und Schwache. Der Pilgerstrom ist unversiegt. Aus allen Himmelsrichtungen kommen Besucher, deren Ziel das Bonifatiusgrab ist.
Als der spätere Papst Pius XII. – damals noch Apostolischer Nuntius in Deutschland – 1926 Fulda besuchte, sagte er: „Fulda zählt zu den verehrungswürdigsten Orten des katholischen Deutschland. Wir stehen hier auf heiligem Boden."
In überwältigender Weise wurde der Charakter Fuldas als Bonifatiusstadt klar im Jahre 1954, anlässlich der Gedenkfeier der 1200-jährigen Wiederkehr des Märtyrertodes des Heiligen und in den Veranstaltungen des 76. Deutschen Katholikentages.
Bundespräsident Prof. Theodor Heuss, der im selben Jahr Fulda besuchte, schrieb: „Fulda muss jedem geschichtsbewussten Deutschen um seiner historischen Würde willen teuer sein."
Die fortwirkende, überragende Bedeutung des heiligen Bonifatius als einem der Wegbereiter des christlichen Abendlandes und die Ehrwürdigkeit seines Grabes wurden durch den Besuch und in den Ansprachen des Papstes Johannes Paul II. am 17. und 18. November 1980 erneut unterstrichen.
In Fulda, seiner Lieblingsgründung und seiner selbstgewählten letzten Ruhestätte, lebt St. Bonifatius. Sein in prunkvollem Schrein gefasstes, mit roter Mitra gekröntes Haupt ziert den Hochaltar der Kathedrale bei feierlichen Hochämtern. Der Bischof segnet das Volk mit dem Bischofsstab in der Hand, den die Volksfrömmigkeit als Stab des Heiligen ansieht. Für das Volk des Fuldaer Landes ist St. Bonifatius einer der Seinen. Er ist sein Heiliger. In jeder Sorge ruft es ihn an: „O Glaubensvater, sieh die Not."
Auch über das eigentliche Barockviertel hinaus hat Fulda vieles zu bieten, was Beachtung verdient. Dazu gehören die Stadtpfarrkirche und neben ihr das rekonstruierte Alte Rathaus, die Alte Universität mit ihrer kunstvoll renovierten Aula (Marienoratorium), der Museumsbau, ursprünglich päpstliches Seminar der Jesuiten, Kirche und Kloster der Benediktinerinnen und vieles andere mehr, welches sich beim Bummel durch Gassen und Straßen erschließt.

Nördlich des Paulustores führt der Weg zu dem vom Kloster der Franziskaner bekrönten Frauenberg. Von hier aus sind die Stadt wie die sie umgebenden Mittelgebirge, Rhön und Vogelsberg, am besten zu überblicken. Ein in seiner Weite und Ausgeglichenheit beeindruckendes Bild breitet sich vor dem Betrachter aus. Fulda ist nicht nur eine schöne Stadt, sie ist auch schön gelegen. Die Harmonie ihrer Architektur strahlt in die Landschaft aus und wird wieder aufgenommen von den Bergkirchen auf dem Petersberg und dem Florenberg, von den ehemaligen Propsteikirchen Johannesberg und Andreasberg (Neuenberg).

VORGESCHICHTE

Die fuldische Senke und ihre Umgebung ist etwa seit dem Jahre 2000 v. Chr. besiedelt. Die Straßenzüge der prähistorischen Zeit sind festgestellt, Siedlungen und Gräberfelder ausgegraben und Ringwälle durchforscht worden. Bei diesen Arbeiten, die um 1900 von Prof. Dr. Josef Vonderau initiiert und die bis heute fortgeführt werden, kamen beachtliche Funde aus Stein- und Bronzezeit, Hallstattzeit und La-Tène-Zeit zutage.

DIE KLOSTERGRÜNDUNG

Bonifatius' besonderes Anliegen war die Bekehrung der Sachsen. Um sein Ziel zu verwirklichen, plante der die Gründung eines Klosters, dessen Mönchen vor allem diese Aufgabe obliegen sollte. Zugleich dachte er der geplanten Neugründung im Rahmen der von ihm betriebenen Organisation der Kirche im ostfränkischen Gebiet und ihrer Anbindung an Rom die Rolle eines Musterklosters zu.

Einen geeigneten Ort kannte er von seinen Reisen her. Es handelte sich um Eihloha, einen Platz am Oberlauf der Fulda gelegen, Flussübergang und Kreuzungspunkt mehrerer Fernwege, Ruinenstätte einer aus Stein errichteten merowingischen Königspfalz. Die Stelle hatte zudem den Vorzug, ausreichend weit von sächsischem Gebiet entfernt zu sein, um einigermaßen sicheren Schutz vor den räuberischen Streifzügen dieses Stammes zu bieten. Mit der Suche nach jener Stätte betraute Bonifatius seinen Schüler Sturmius, der aus bayerischem Adel stammend unter Wigbert im Kloster Fritzlar erzogen und dort zum Priester geweiht worden war. Am 12. März 744 errichtete Sturmius hier das Kreuz.

Zuvor hatte schon Karlmann, der fränkische Hausmeier, Bonifatius auf dessen Bitte hin den für die Klostergründung vorgesehenen Platz und das dazugehörende Gelände geschenkt. Sturmius und seine Mitbrüder begannen unverzüglich mit der Urbarmachung. Bonifatius selbst kam nach kurzer Zeit und überwachte die Anfänge seiner Lieblingsgründung. Diese, die dann nach dem nahe gelegenen Fluss Fulda genannt wurde, sollte nach dem Willen des Bonifatius eine Pflanzstätte benediktinischer Tugend und christlicher Gelehrsamkeit, Hauptstützpunkt für die Sachsenmission und ein religiöser Mittelpunkt für die christianisierten Volksstämme in Bayern und Thüringen, Hessen und Franken werden.

DIE ERSTE BLÜTEZEIT

Schon im Jahre 751 verlieh Papst Zacharias Fulda als erstem Kloster nördlich der Alpen das Privileg der unmittelbaren Unterstellung unter den Apostolischen Stuhl (Exemtion). Es war damit jeder bischöflichen Gewalt entzogen, gleich dem großen benediktinischen Mutterkloster Monte Cassino in Italien.

Am 5. Juni 754 erlitt St. Bonifatius in Friesland den Märtyrertod. Seiner Anordnung entsprechend wurde sein Leib in der dem Erlöser geweihten Kirche zu Fulda bestattet. Das Grab des „Apostels der Deutschen" wurde das Ziel zahlreicher frommer Pilger und als solches eine Segensquelle für das junge Kloster. Große und Mächtige überhäuften Jahrhunderte hindurch das Kloster des hl. Bonifatius mit Schenkungen aller Art. So wurde es bald selbst mächtig und begütert wie kein zweites in deutschen Landen.

Schon nach kurzer Zeit zählte die Abtei 400 Mönche. Sie leisteten kulturelle Pionierarbeit auf allen Gebieten. Sie rodeten und betrieben Ackerbau, sie entwickelten das Handwerk, sie leisteten Seelsorgearbeit, sie brachten die schönen Künste in die buchonische Einöde, sie widmeten sich den Wissenschaften und unterrichteten ihre Schüler, emsige Schreiber schufen eine umfangreiche Klosterbibliothek.

Am 17. Dezember 779 starb Sturmius, als Heiliger verehrt. (1139 erfolgte seine Heiligsprechung.) Seine Grablege war das

St. Bonifatius, romanisches Steinrelief
in der Kirche auf dem Petersberg

zweite Heiligengrab in der Fuldaer Stiftskirche. Ein drittes sollte ihm bald folgen, als die sterblichen Überreste der 782 verstorbenen Äbtissin von Tauberbischofsheim, der hl. Lioba, dem letzten Wunsch des hl. Bonifatius entsprechend, in der Fuldaer Klosterkirche beigesetzt wurden. (Die Gebeine der hl. Lioba wurden 836 in die Kirche auf dem Petersberg übertragen.)

DIE GROSSE BASILIKA

Das schnelle Wachstum des Klosters, der Zustrom des Volkes zum Bonifatiusgrab und der Wunsch nach einer monumentalen Ausgestaltung der Grabeskirche des hl. Bonifatius ließen schon wenige Jahrzehnte nach der Klostergründung einen gewaltigen Neubau entstehen, dem die erste Kirche weichen musste. Der zweite Abt, Baugulf (779–802), begann 791 mit dem Bau der Basilika. Der bedeutende Architekt Ratgar leitete die Bauarbeiten. 802 erhielt Ratgar selbst die Abtswürde. Die ganze Kraft des Klosters wurde nun auf den Bau der Basilika konzentriert, durchaus nicht immer zum Gefallen der Mönche, die unter der Härte und Strenge des Abtes litten. Das führte 817 zu seiner Absetzung. Erst unter dem vierten Abt, Eigil (818–822), wurde das gewaltige Bauwerk fertiggestellt und 819 durch den Erzbischof Heistulf von Mainz geweiht. So stand am Anfang des neunten Jahrhunderts in den Wäldern Buchoniens das größte Gotteshaus nördlich der Alpen, das sogar die Ausmaße der heutigen Domkirche übertraf. In dieser Zeit (820–822) wurde auch die Kapelle auf dem nördlich des Klosters gelegenen Friedhof der Mönche erbaut, in der Eigil dann begraben wurde und die den Kern der heutigen Michaelskirche bildet. Die Bautätigkeit war damit aber keineswegs abgeschlossen. Unter dem fünften Abt, Rabanus Maurus (822–842), wurde das große Kloster mit Kreuzgang westlich der Stiftskirche vollendet, während das erste Kloster südlich der von Sturmius erbauten Kirche gestanden hatte. Raban errichtete außerdem nicht weniger als dreißig Kirchen im Gebiet der klösterlichen Besitzungen.

Rekonstruktion der Ratgarbasilika mit Werner-Paradies

DIE KLOSTERSCHULE

Die Herrlichkeit der Fuldaer Klosteranlage war keine leere Hülle. Waren auch vorübergehend die Studien unter dem Regiment des ganz von Bauleidenschaft besessenen Ratgar vernachlässigt worden, unter Eigil wurde die Tradition Baugulfs wieder aufgenommen. Und unter Rabanus Maurus erreichte die Klosterschule eine Blüte, die ihr Weltruhm verschaffte. Er war ja der Praeceptor Germaniae, der Lehrer Deutschlands, Alkuins großer Schüler. Er war der bedeutende Schriftsteller und Dichter, der Initiator der bewunderten Handschriftensammlung der Fuldaer Bibliothek, der hervorragende Theologe und Pädagoge, das Genie, das das gesamte geistliche und geistige Wissen seiner Zeit in sich vereinte. Hier schrieb Rabanus sein berühmtes Bildgedicht, das Lob des Heiligen Kreuzes, das eines der begehrtesten und beliebtesten Bücher des christlichen Mittel-

Grundriss der alten Fuldaer Basilika

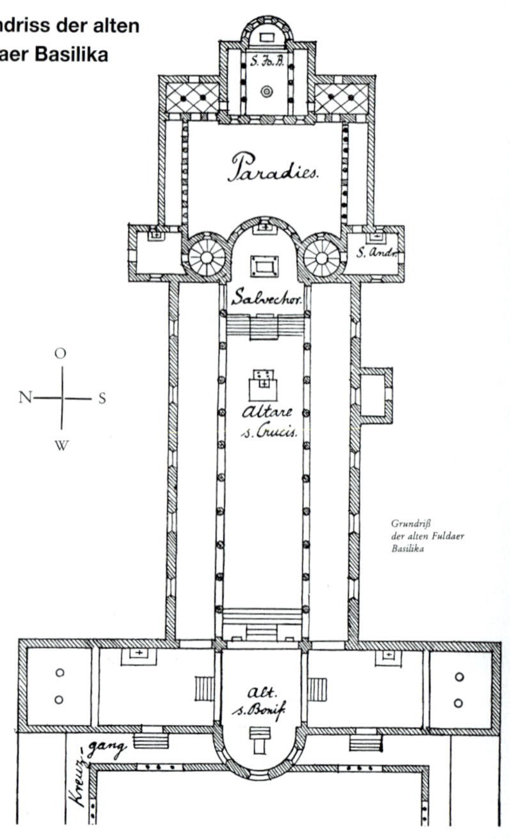

Grundriß der alten Fuldaer Basilika

alters blieb; hier erklang sein Hymnus „Veni Creator Spiritus“, der im Rahmen der kirchlichen Liturgie das Erdenrund eroberte. Zu seinen Schülern zählte Otfrid von Weißenburg, in dem er die Liebe zur deutschen Sprache weckte, die diesen zu dem ersten deutschen Reimwerk, dem Krist, begeisterte. Hier schrieb auch unter Benutzung der Schriften Rabans der dem Namen nach unbekannte niedersächsische Dichter seinen Heliand. Das Hildebrandslied, eines der ältesten und kostbarsten Werke unserer Nationalliteratur, wurde uns überliefert, weil Mönche der Fuldaer Klosterschule es niederschrieben.

In Rabans Schule wurde das Deutsche zur Schriftsprache geformt. Hier stand die Wiege der althochdeutschen Literatur. „Was uns neben dem Krist und dem Heliand überliefert ist“, so sagt der Germanist Prof. Schröder, Göttingen, „umfasst noch nicht einen Druckbogen.“

DIE KAROLINGERZEIT

Neben Aachen war Fulda Zentrum der karolingischen Kunst geworden. Engste Beziehungen verbanden beide. Einhard, Schüler der Fuldaer Klosterschule, war von Baugulf an den Hof Karls des Großen gesandt worden; Raban war Alkuins Schüler. Dank der grandiosen Leistung Rabans blühten die bildenden Künste herrlich auf: Buchmalerei und Wandmalerei, Goldschmiedekunst und Elfenbeinschnitzerei.

Schüler der Fuldaer Klosterschule wurden nun ihrerseits Organisatoren anderer Klosterschulen: Haymo in Hersfeld und Halberstadt, Probus und Thiotmar in Mainz, Meginhard in Köln, Walafried Strabo in Reichenau, Hartmut in St. Gallen, Baturich in Regensburg, Ermenrich in Passau, Salomo in Konstanz, Samuel in Worms, Raban selbst bestieg 847 den Erzbischöflichen Stuhl in Mainz. Das

Karl der Große, Gotisches Relief im Dom

Kloster Fulda war seit 774 durch Immunitätsprivileg Karls des Großen königliches Eigenkloster und hatte als solches natürlich besonders enge Beziehungen zu dem Herrscherhaus. Schon 782 unter Baugulf weilte Karl der Große in seinen Mauern und beschenkte das Kloster mit fürstlicher Freigebigkeit. Kaiser Ludwig der Fromme besuchte Fulda 832, Ludwig der Deutsche, Ludwig der Jüngere und Arnulf kamen wiederholt. Der erste deutsche Wahlkönig Konrad I. (911-918), der Fulda mit Gewährung von Rechten und Schenkungen stets bevorzugte, fand hier seine letzte Ruhestätte.

DIE ZEIT DER SÄCHSISCHEN KAISER

Auch die sächsischen Kaiser erwiesen sich als Freunde und Gönner des Fuldaer Klosters und unterhielten enge Beziehungen zu den Äbten. Heinrich I. besuchte das Bonifatiusgrab zweimal.

937 wurde die Stiftskirche durch eine Feuersbrunst schwer getroffen. Abt Hadamar (927–956), tatkräftig und kunstsinnig, ließ sie nach elfjähriger Bauzeit zu neuer Herrlichkeit erstehen. Die Ostseite erhielt dabei die beiden großen Türme, deren Kern in den jetzigen Domtürmen erhalten ist. 948 wurde die wiederhergestellte Stiftskirche unter großem Prunk in Anwesenheit Ottos des Großen durch den päpstlichen Legaten Marinus geweiht.

Unter dem Abt Werner (968–982) erreichten die Bauten des Fuldaer Klosters ihre höchste Vollendung. Vor der Ostseite, mit ihren durch Hadamar hinzugefügten Türmen, entstand unter Wegfall des älteren und kleineren Paradieses der Ratgarbasilika ein neues Paradies, ein großzügiges Atrium, das, ähnlich dem westlichen Kreuzgang, mit doppelgeschossigen offenen Säulenhallen nun den östlichen Vorhof umsäumte. In der Achse der Stiftskirche baute man die neue Johanneskapelle als dreischiffige doppelchörige und zweigeschossige Anlage mit korinthischen Säulenarkaden. Die Gesamtanlage von Kirche und Kloster hatte nun eine ost-westliche Länge von 219 Metern erreicht. Diesem äußeren Glanz entsprach auch die Stellung der Fuldaer Äbte. Papst Johannes XIII. verlieh 969 den Fuldaer Äbten

den ersten Rang unter allen Benediktineräbten Germaniens und Galliens (Sedenzprivileg).
Im Jahre 1020, unter der Regierung des Abtes Richard (1018–1039), weilten Kaiser Heinrich II. und Papst Benedikt VIII. gleichzeitig in Fulda, um mit dem frommen Abt und dem später heilig gesprochenen Bardo, damals Stiftsdekan von Fulda, Probleme der gorzischen Ordensreform zu erörtern. Die Stiftskirche sah ein päpstliches Hochamt mit feierlicher Verlesung aller päpstlichen Privilegien. Von der kaiserlichen Wohnung aus erteilte der Papst dem Volk den Segen. Es war das glanzvollste Ereignis der Fuldaer Geschichte.
Den Siedlungen im Osten und Süden der Abtei verlieh der Kaiser das Marktrecht.

DIE STADT FULDA ENTSTEHT

In den unruhigen Verhältnissen des elften Jahrhunderts, in den Spannungen zwischen Kaisertum und Papsttum, konnte die Abtei Fulda ihre bis dahin großartige Entwicklung nicht fortsetzen. Stillstand, Rückgang, Verweltlichung und materielle Schwächung traten ein.
Dagegen entwickelte sich der Markt Fulda. Die veränderten Verkehrsverhältnisse, die Straße Frankfurt–Thüringen, brachten einen zunehmenden Durchgangsverkehr. Handwerk und Handel wurden frei betrieben, Gaststätten entstanden. Doch war das Gelände noch Eigentum der Abtei, und die Gerichtsbarkeit lag in ihren Händen. In der Mitte des zwölften Jahrhunderts waren der Abtei Fulda ein großer Abt, Marquard (Markwart, 1150–1166), und dem Reiche ein großer Kaiser, Friedrich Barbarossa, beschieden. Beider Wirken gereichte Fulda zum Segen. Zunächst stellte Marquard die Ostfront der Stiftskirche wieder her, die durch den 1120 erfolgten Einsturz des Südturms zerstört worden war.
Auf allen Gebieten führte dieser Abt notwendige Reformen durch. Er bekämpfte die Raubritter, befestigte das Gebiet mit Burgen, umgab den Ort Fulda mit festen Mauern und errichtete dem aufblühenden Gemeinwesen eine neue, größere Stadt-

pfarrkirche. Zur feierlichen Weihe der restaurierten Stiftskirche 1157 durch die Bischöfe von Bamberg und Verden erschien auch Kaiser Barbarossa. Der Tag wurde ein neuer Markstein in Fuldas Geschichte. Der Marktflecken erhielt die Stadtrechte sowie freie Gerichtsbarkeit und sah anschließend einen Reichstag Barbarossas in seinen Mauern.

DAS JAHRHUNDERT DER HL. ELISABETH

Das dreizehnte Jahrhundert war nicht nur das Jahrhundert der schwindenden Kaisermacht und des Interregnums, des Raubritterunwesens und wirtschaftlicher Katastrophen, es war auch das Jahrhundert der Heiligen. Das Jahrhundert des hl. Franziskus und der hl. Elisabeth.

Durch den Erlass „Confoederatio cum principibus ecclesiasticis“ (1220) Friedrichs II. brachte es für die Äbte des Klosters Fulda eine stolze Rangerhöhung: Sie wurden Reichsfürsten. Ab jetzt musste der Abt aus dem Adel stammen.

Trotz der bald darauf folgenden wirren Zeit des Interregnums im Reich – nichts charakterisierte die Schrecken der Zeit des Faustrechts krasser als die 1271 am Altar der Stiftskirche erfolgte Ermordung des Abtes Berthold II. von Leibolz – eiferte man dem von Franziskus und Elisabeth gegebenen Beispiel nach.

Unter Rugger II. (1176) war das bereits von Marquard begonnene Hospital fertig gestellt worden. 1237 kamen die ersten Barfüßer (Franziskaner) nach Fulda, deren Niederlassung 1245 durch Innocenz IV. bestätigt wurde. In klösterlicher Gemeinschaft lebende Jungfrauen des Dritten Ordens (Tertiarinnen) siedelten sich an. 1272 entstand am Lauf der Fulda das Leprosenhaus zur hl. Katharina. 1290 wurde ein Heilig-Geist-Hospital gegründet und 1319 vor dem Peterstor das St.-Nikolaus-Spital.

Nach langer Zeit der Unruhen und des Verfalls schien unter Abt Heinrich V. von Weilnau (1288–1313) noch einmal der alte Glanz in die Abtei Fulda zurückzukehren. Als Mann von hohen Geistesgaben, ernster Frömmigkeit und praktischem Sinn, war er Freund und Berater der Herrscher Rudolf von Habsburg,

Adolf von Nassau und Albrecht I. von Österreich. Alle Herrscher weilten teils wiederholt zu politischen Verhandlungen in Fulda. Durch Rudolf von Habsburg wurde der Abt als Reichsfürst bestätigt. Von nun an führten die Äbte den Titel „Fürst und Abt von Fulda".

Doch in der Verleihung der Fürstenkrone an den Fuldaer Abt lag schon der Keim zu neuem Niedergang. Die Abtsburg wurde errichtet, die fürstliche Hofhaltung von dem Konvent der Abtei getrennt. Das alleinige Vorrecht des Adels auf den fürstäbtlichen Stuhl und das gesamte Stiftskapitel war endgültig besiegelt.

DER ABT IN BEDRÄNGNIS

Infolge von Auseinandersetzungen mit den ritterschaftlichen Lehnsträgern, durch Verschlechterung der finanziellen Verhältnisse und durch Besitzverpfändungen wurde die Stellung des Abtes geschwächt. Die Bürgerschaft der Stadt hingegen erstarkte wirtschaftlich und musste der bedrängten fürstäbtlichen

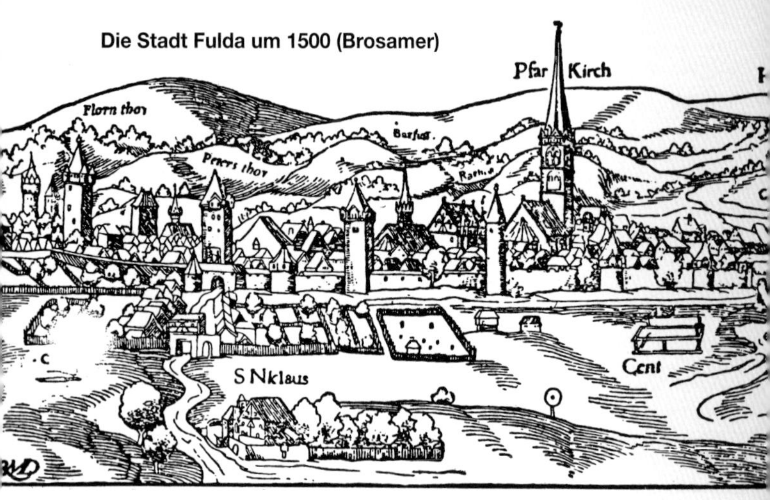

Die Stadt Fulda um 1500 (Brosamer)

Finanzwirtschaft beistehen. Damit erwachten der Freiheitsdrang und das politische Selbstgefühl der Bürger. Sie wollten los von der Bevormundung seitens des klösterlichen Herrn. Es gärte gegen den neuen Abt Heinrich VI. von Hohenburg. 1331 brach unter Führung des Schirmvogtes Graf Johann von Ziegenhain die offene Rebellion aus. Die Abtsburg wurde zerstört. Sengend und plündernd brachen die Aufständischen in Kloster und Kirche ein. Die Klöster Frauenberg und Petersberg wurden ausgeraubt. Doch letztlich siegte der Abt. Ludwig der Bayer erklärte die Stadt in Reichsacht. Der Erzbischof von Trier kam als Schiedsrichter. Wiederherstellung der Zerstörungen, Schadenersatz und demütigende Kirchenbuße waren die Folgen. Die Rädelsführer wurden verbannt, ihre Häuser geschleift. 1350 suchte die Pest die Stadt heim.

Kaiser Karl IV. verlieh 1356 dem Fürstabt von Fulda den Titel „Erzkanzler der Kaiserin", woraus zu schließen ist, dass dessen Stellung in der Reichspolitik trotz der Bedrängnisse von außen und innen nicht unbedeutend gewesen sein kann.

Dennoch war die Zeit geprägt von kriegerischen Verwicklungen mit dem eigenen Adel und mit benachbarten Fürsten. Ein Blitz beschädigte 1398 die Stiftskirche. 1427 wurde Fulda vom Erz-

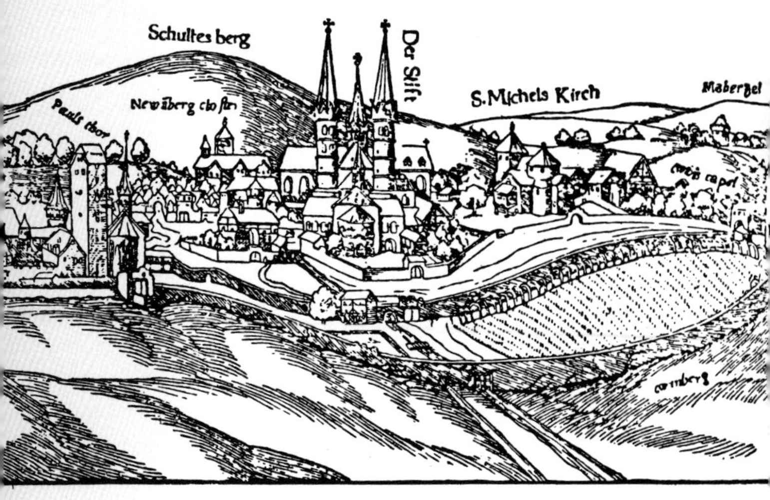

bischof von Mainz und seinen Verbündeten belagert. Die Bürger verteidigten tapfer ihre Stadt, bis Landgraf Ludwig von Hessen die Belagerer in der Schlacht auf dem Münsterfelde besiegte.

REFORMATION UND BAUERNKRIEG

Kaum hatten sich die religiösen, wirtschaftlichen und politischen Verhältnisse Fuldas unter den langen Regierungszeiten der Fürstäbte Reinhart von Weilnau (1449–1476) und Johannes II. von Henneberg (1477–1513) etwas beruhigt und gebessert, da brachen unter Hartmann II. von Kirchberg (1513–1529), unbeliebt wegen seiner Verschwendungssucht und seit 1521 durch einen Koadjutor vertreten, die Stürme der neuen religiösen und sozialen Bewegungen des aufziehenden sechzehnten Jahrhunderts über Fulda herein. In der Osterwoche 1525 rotteten sich Bauern vor den Mauern Fuldas zusammen; viele Bürger schlossen sich ihnen an. Die Klöster in und um Fulda wurden verwüstet. Die neue Lehre der Reformatoren trat 1523 hier auf. Zwar fand sie Eingang in das Gebiet des Hochstiftes, sie hat aber durch Gegenmaßnahmen, die unter dem Einfluss des Reformtheologen Georg Witzel den Forderungen teilweise entgegenkamen, nicht die Oberhand gewonnen.

DIE KATHOLISCHE RESTAURATION

Durch einstimmige Wahl erhielt im Jahr 1570 die Abtei Fulda einen Fürstabt, der mit eiserner Faust in die Unordnung der Zeit eingriff: Balthasar von Dermbach. Selbst einer protestantischen Familie entstammend und in der lutherischen Lehre erzogen, wandte er sich schon in jungen Jahren der katholischen Kirche zu, trat in das Benediktinerkloster ein und wurde überaus schnell Priester, Kapitular und Abt. Er wollte das Hochstift von innen heraus erneuern und berief 1571 die Jesuiten nach Fulda, die das verlassene Barfüßerkloster bezogen. Alle Seiten machten ihm Schwierigkeiten, die Ritterschaft, die die Stärkung der fürstäbtlichen Stellung fürchtete, die Bürgerschaft und das Kapitel, dem die Reformen zur Wiederherstellung der klösterlichen Zucht durchaus nicht gefielen. 1576 kam es zur offenen Rebellion. In Hammelburg wurde Balthasar zum Rücktritt gezwungen. Über ein Vierteljahrhundert trug er die Verbannung, bis er 1602 durch Kaiser Rudolf wieder in seine Rechte eingesetzt wurde.

Zur Unterstützung der gegenreformatorischen Bestrebungen ließ Papst Gregor XIII. 1584 von den Jesuiten ein päpstliches Seminar errichten. In ihm wirkten Männer wie der berühmte Athanasius Kircher, der Historiker Christoph Brower und der edle Bekämpfer der Hexenprozesse und Sänger der Trutz-Nachtigall, Friedrich von Spee. 1603 wurde Hammelburg wieder katholisch. 1604 wurde in der Fuldaer Stadtpfarrkirche die Wiederherstellung der katholischen Religion feierlich proklamiert.

Fortgesetzt wurde die Gegenreformation durch Johann Friedrich von Schwalbach (1602–1622), der 1617 eine Diözesansynode abhielt und 1620 wieder Franziskaner nach Fulda berief, sowie durch Johann Bernhard Schenk zu Schweinsberg (1623–1632). Er überwies den Franziskanern das Kloster Frauenberg und ließ von St. Gallen Benediktiner zur religiösen Erneuerung des eigenen Klosters kommen. 1626 erfolgte die Visitation durch den Päpstlichen Nuntius Caraffa. 1631 wurde die Niederlassung der Benediktinerinnen gegründet.

DER DREISSIGJÄHRIGE KRIEG

Die innerliche Erneuerung des Hochstifts Fulda reicht weit hinein in die Schreckensjahre des Dreißigjährigen Krieges. Es konnte nicht ausbleiben, dass die Zeit tiefster politischer und religiöser Zersplitterung und entsetzlicher Kriegsgräuel dunkle Schatten auf die Entwicklung Fuldas warf. 1622 zog ein Streifkorps des Herzogs Christian durch das Fuldaer Gebiet, plünderte und brandschatzte das Hochstift um 160.000 Taler. 1631 kam Herzog Bernhard von Weimar nach Fulda und forderte eine Kriegskontribution von 60.000 Gulden. Der siegreiche Schwedenkönig gab Fulda im selben Jahr dem Landgrafen Wilhelm V. von Hessen als erbliches Besitztum. Noch einmal wurde die Durchführung der Protestantisierung versucht. Doch erhielt nach der Schlacht bei Nördlingen (1634) der rechtmäßige Fürstabt sein Stift zurück.

Unter Hermann Georg von Neuhof (1635–1644) wiederholten sich Kriegszüge, Besetzungen, Plünderungen, Einquartierungen und Brandschatzungen unaufhörlich. Not, Hunger und Seuchen waren die Folgen für das verarmte Volk.

FRIEDE

Mit dem Abschluss des Westfälischen Friedens brach eine glücklichere Zeit für Fulda an. Joachim von Gravenegg (1644–1671) bemühte sich, die Wunden des Krieges zu heilen. Dem Frieden setzte er in der Mariensäule auf dem Weg zum Frauenberg, der so genannten Pestsäule, ein schönes Denkmal. Die zerstörten Gebäude stellte er wieder her. Er errichtete 1668 das Benediktinerkloster neu, das jetzige Priesterseminar. Der Bau der Nonnenkirche wurde vollendet. In der Person des Fürstabtes Bernhard Gustav, Markgraf von Baden-Durlach (1671 bis 1677), trug zum ersten und einzigen Male der Fuldaer Abt den Kardinalspurpur. Der sparsame und kluge Placidus von Droste (1678–1700) konnte eine grundlegende Sanierung des Finanzwesens bewirken. Damit legte er den Grundstock für die Entfaltung der Bautätigkeit der Fuldaer Fürstäbte im 18. Jahrhundert.

Pestsäule auf dem
Weg zum Frauenberg

DIE BAROCKZEIT

Nun begann in der Bonifatiusstadt das gewaltige Finale der mehr als tausendjährigen geistlichen Herrschaft, dem Fuldas Innenstadt ihr heutiges Bild verdankt. Adalbert von Schleiffras (1700–1714) riss die alte Stiftskirche größtenteils nieder und ließ durch Johann Dientzenhofer den Dom im neuen Stil des Barocks erbauen. Unter dessen Leitung entstanden auch das Residenzschloss und das Paulustor. Gleichzeitig erbaute der Stiftsdechant Bonifaz von Buseck die Domdechanei. Nach Schleiffras' Tod führten die Nachfolger das begonnene Werk fort und formten das Stadtbild nach barockem Geschmack.

Konstantin von Buttlar (1714–1726) fügte dem Schloss den westlichen Flügel am vorderen Schlosshof zu. Der Waidesbach wurde überdeckt, und die großzügige Gartenanlage des Schlossgartens entstand. Der prunkvolle Bau der Orangerie strebte empor. Das Propsteigebäude am Michaelsberg (heute Bischöfliches Palais) wurde erstellt. Adolf von Dalberg (1726–1737) betrieb die Fertigstellung der Orangerie und des Kaisersaales im Schloss. Er erbaute das Heilig-Geist-Hospital mit der Kirche, die Universität und vollendete das Jesuitenseminar (heute Museumsbau). Der Schlossgarten erhielt in der großen Freitreppe mit der Floravase sein Prunkstück. Gleichzeitig entstand das Palais Buseck (heute Stift Wallenstein).

Amand von Buseck, der 1752 die Errichtung des Bistums Fulda und damit seine eigene Erhebung zum Fürstbischof erreicht hatte, ließ mit Schloss Fasanerie eine prächtige Sommerresidenz erbauen. Unter seiner Regentschaft gelangten auch die Bauten für ein Kapuzinerkloster und die beiden repräsentativen Flankengebäude der Friedrichstraße (heute Haus Kurfürst) zur Ausführung. Er bereicherte den Domschatz mit einzigartig prachtvollen Paramenten.

Adalbert II. von Walderdorff (1757–1759) legte den Grundstein zur Klosterkirche auf dem Frauenberg, erbaute die Hauptwache und legte die Paulusallee an. Heinrich VIII. von Bibra (1759–1788) versetzte das Paulustor zur besseren Zusammenfassung des Barockviertels an das Nordende der Paulusallee und errich-

tete die erste Landesbibliothek (heute Theologische Fakultät). Die Stadtgemeinde Fulda erbaute die Stadtpfarrkirche.
Die Mauern wurden überall mit Balustraden geziert, die in ihrer Einheitlichkeit dem gesamten Barockviertel einen besonderen Akzent geben. So stand die Residenz der Fuldaer Fürstäbte, die nun auch Fürstbischöfe waren, stolz und prächtig da, wenigstens in ihrem äußeren Glanz an die erste Blütezeit erinnernd; wenn auch der Siebenjährige Krieg noch einmal schweres Unheil über Fulda hereinbrechen ließ. Unter dem bedeutenden, aufgeklärten Heinrich von Bibra herrschte eine mustergültige Verwaltung. Rechtspflege, Wirtschaftspolitik, soziale Fürsorge, Schulwesen und Seelsorge erfuhren durch die Fähigkeiten des Regenten erhebliche Förderung. Unter seinem Nachfolger Adalbert III. von Harstall (1788–1802) wurden erneut die Finanzen saniert. Die Staatskasse war flüssig, trotz der ganz ungewöhnlich großen Unternehmungen des vergangenen Jahrhunderts.

SÄKULARISATION

Durch die Bestimmungen des Pariser Vertrages (1802) und des Reichsdeputationshauptschlusses war nach 1058-jähriger Regentschaft die geistliche Herrschaft der Äbte beseitigt. Das Fürstentum Fulda wurde dem Fürsten Wilhelm V. von Oranien-Nassau als Erbstatthalter der Niederlande zugesprochen. Dieser übertrug das Gebiet, das er als unrechtmäßig erworben ansah, seinem Sohn, dem Erbprinzen Wilhelm Friedrich von Oranien-Nassau, dem späteren König Wilhelm I. der Niederlande. Ein herber, bitterer Umbruch der tausendjährigen Fuldaer Tradition trat ein. Die eigenständige politische Rolle war ausgespielt. Der letzte Fürstbischof starb 1814. Danach war der Bischofsstuhl der Bonifatiusstadt verwaist.
Der neue weltliche Regent nahm einschneidende Änderungen vor. Der uralte Benediktinerkonvent wurde aufgehoben, das päpstliche Seminar wurde Kaserne, das Kapuzinerkloster Landkrankenhaus, die Universität Lyzeum und ihre Kapelle eine evangelische Kirche. Doch da der Oranier 1806 in der Schlacht bei Jena auf preußischer Seite kämpfte, verlor er seinen Fuldaer Besitz.

Das Haus des
Dombaumeisters
Johannes Dientzenhofer
(Rittergasse)

DIE ZEIT NAPOLEONS

Am 27. Oktober 1806 zog der französische Marschall Mortier in Fulda ein. Nach vier Jahren weltlicher Herrschaft war die Selbstständigkeit des Fürstentums verloren. Fulda wurde französische Provinz. Im Schloss der Fürstäbte saßen die französischen Gouverneure als Herren des Landes. Im Mai 1810 wurde es dem Großherzogtum Frankfurt als Departement einverleibt. Regent war nun Karl von Dalberg, Fürstprimas des Rheinbundes. Der beliebte Fürst konnte nicht verhindern, dass nunmehr Fulda für den allmächtigen Napoleon die Rolle der Etappe spielen musste. Im Jahre 1813 erlebte es den Durchzug der französischen Armee und ihres Kaisers und 8 Tage nach der Schlacht bei Leipzig den französischen Rückzug.

Der Ausgang der Völkerschlacht bei Leipzig änderte von neuem die politischen Verhältnisse Fuldas. Im November 1813 kam es unter vorläufige österreichische Verwaltung. In den Verhandlungen des Wiener Kongresses wurde es im Juni 1815 Preußen zugeteilt. Wenige Monate später trat Preußen es an Kurhessen ab.

KURHESSEN

1816 wurde Fulda mit einem Teil des Gebietes der alten Fürstabtei als Großherzogtum Fulda den kurhessischen Landen einverleibt. 1821 wurden die hessischen Kurlande zu einem Einheitsstaat zusammengefasst. Fulda wurde eine der vier Provinzen. Das halbe Jahrhundert kurhessischer Herrschaft war für Fulda eine Zeit der Stagnation und des ständigen Gegensatzes zum kurfürstlichen Regiment in Kassel. Seit 1828 war aber der Bischofsstuhl des Bistums Fulda wieder besetzt.

PREUSSEN

Im Krieg 1866 wurde Fulda von Preußen besetzt und kam nun mit dem gesamten Kurhessen an das Königreich Preußen. Die frühere Residenzstadt sank nun von der Provinzhauptstadt zur Kreisstadt, aber ein sichtlicher Aufschwung setzte ein. Der Anschluss an das Eisenbahnnetz tat das Seine zur Förderung von

Handel und Industrie. Der Bischofsstuhl verwaiste noch einmal im Kulturkampf, bis er 1881 durch den bedeutenden Bischof Georg Kopp, den späteren Kardinal von Breslau, neu besetzt wurde. Die damals eingerichteten alljährlichen Bischofskonferenzen geben der Bonifatiusstadt auch heute noch einen Abglanz ihrer früheren Bedeutung.

WEIMARER REPUBLIK

Von der Revolution des Jahres 1918 wurde Fulda dank der Besonnenheit seiner Bürgerschaft kaum berührt. Die Inflation der Jahre 1919–1923 und die Auswirkungen der Weltwirtschaftskrise 1930–1932 trafen die Stadt nicht so katastrophal wie manche andere, da Industrie, Gewerbe und Handel eine gesunde Vielfalt aufwiesen. Im Jahre 1927 hatte die Stadt rund 27.000 Einwohner. Die Gemeinden Horas, Neuenberg und ein Teil von Künzell wurden in den neuen Stadtkreis eingemeindet.

Blick zum Frauenberg

„DRITTES REICH“

Die Nationalsozialistische Partei konnte es in Fulda auch in den entscheidenden Wahlen des März 1933 weder für den Reichstag noch für das Stadtparlament auf mehr als ein Viertel der Stimmen bringen. Die Gleichschaltung musste daher durch Gewaltmaßnahmen durchgeführt werden. Zu besonderen Ausbrüchen des Terrors kam es 1933 durch die Zerstörung der Fuldaer Actiendruckerei, 1938 durch Brandstiftung in der Synagoge sowie durch die schmachvolle Zerstörung der jüdischen Friedhöfe und 1940 durch Austreibung der Franziskaner aus dem Kloster Frauenberg.
In den beiden letzten Kriegsjahren 1944 und 1945 erlitt die Stadt durch den Bombenkrieg hohe Menschenverluste und umfangreiche Schäden. Verkehrswesen und Industrie waren schwer getroffen. Auch die historischen Bauten trugen Schäden davon.

Marktstraße

Fulda in der Gegenwart

Als die Stadt Fulda am 1. April 1945 von amerikanischen Streitkräften besetzt wurde, lagen schwere Kriegsverluste hinter ihr. 1.208 Männer ihrer Einwohnerschaft waren gefallen oder an unmittelbaren Kriegsfolgen gestorben. 1.586 Menschenleben hatte der Bombenkrieg aus der Zivilbevölkerung gefordert. Etwa 900 Einwohner waren vermisst. Fast ein Drittel des zu Kriegsbeginn vorhandenen Wohnraums war zerstört. Trotzdem war die Einwohnerzahl der Stadt nicht zurückgegangen, da sie über 5.000 Evakuierte aus anderen Gebieten aufgenommen hatte. Im Jahre 1946 wurden 3.500 Heimatvertriebene aus den deutschen Ostgebieten zugewiesen. Durch Zusammenführung der Familien und durch den stetigen Zug der Heimatvertriebenen vom Land zu den Arbeitsplätzen der Industrie war die Zahl der Heimatvertriebenen auf 10.000 angewachsen. Die Einwohnerzahl, die 1939 etwa bei 32.000 gelegen hatte, betrug in den Jahren nach dem Krieg rund 45.000. Durch die Eingemeindung von 24 Gemeinden am 1. August 1972 erhöhte sich die Einwohnerzahl der Stadt auf 60.000. Am 1. Juli 1974 verlor Fulda den Status der Kreisfreiheit.

Da Fulda von jeder größeren Stadt rund 100 km entfernt liegt, ist seine wirtschaftliche Bedeutung als Mittelpunkt des osthessischen Raumes weit größer, als es seine eigene Einwohnerzahl (64.824, Stand 2011) vermuten lässt.

Als kirchliches Zentrum ist Fulda für beide christlichen Konfessionen von gesamtdeutscher Bedeutung, und zwar sowohl als regelmäßiger Tagungsort der Deutschen Bischofskonferenz wie auch als Sitz des Präsidialbüros des Deutschen Evangelischen Kirchentages.

Fulda ist Bischofssitz und somit Mittelpunkt einer der drei hessischen Diözesen.

Von den Ordensniederlassungen seien als wichtigste genannt: das Kloster der Franziskaner auf dem Frauenberg, die Abtei St. Maria der Benediktinerinnen, das Mutterhaus der Barmherzigen Schwestern vom hl. Vinzenz von Paul und das Institut Beatae Mariae Virginis der Maria-Ward-Schwestern.

Fulda ist ferner Sitz des evangelischen Dekanats Fulda-Hünfeld. In der Stadt Fulda befinden sich 7 evangelische Gemeinden.

Fulda ist immer eine Schulstadt gewesen. Die Tradition der ehemaligen Klosterschulen und des päpstlichen Seminars wird fortgesetzt durch die päpstliche Theologische Fakultät mit Priesterseminar der Diözese. Die Hochschule Fulda – als solche seit 1974 bestehend – umfasst die Fachbereiche Angewandte Informatik, Elektrotechnik und Informationstechnik, Oecotrophologie, Lebensmitteltechnologie, Pflege und Gesundheit, Sozialwesen, Sozial- und Kulturwissenschaften und den Fachbereich Wirtschaft.

Das Angebot an Museen umfasst das Städtische Vonderau Museum (Museumsbau), ein Heimatmuseum mit reichen prähistorischen Sammlungen, Schätzen der Fuldaer Geschichte und Kunst, der Grafiksammlung Anton Schmitt, das Feuerwehrmuseum und das Dommuseum. Im Stadtschloss sind besonders sehenswert die historischen Räume mit Kaisersaal, Fürstensaal und Spiegelsälen.

Die Landesbibliothek beherbergt eine Schausammlung mit bedeutenden Werken aus dem frühen und hohen Mittelalter.

Vor den Toren der Stadt, beim Stadtteil Bronnzell, liegt die ehemalige Sommerresidenz Fasanerie. Das darin eingerichtete Museum vermittelt neben der Anschauung reichhaltiger Sammlungen antiker Kunstwerke einen hervorragenden Eindruck von fürstlicher Repräsentation und Wohnkultur in der ersten Hälfte des 19. Jahrhunderts.

Dank guter Verkehrsanbindung und auf Grund ihrer zentralen Lage ist die Stadt als Tagungsort beliebt.

Fulda ist Sitz einer selbstständigen Industrie- und Handelskammer, die den Landkreis Fulda umfasst, der im August 1972 um den ehemaligen Kreis Hünfeld erweitert wurde. Die Stadt bildet

Blick durch das
romanische Heertor
zum Schlosstheater

den wirtschaftlichen Schwerpunkt des osthessischen Raumes, zu dem noch die früheren Landkreise Schlüchtern, Lauterbach und Hersfeld gerechnet werden. Dieses osthessische Gebiet hat etwa 320.000 Einwohner.

Häuserzeile gegenüber der Stadtpfarrkirche

Zeittafel Fulda

744 Am 12. März gründet Sturmius auf Veranlassung des Missionserzbischofs und päpstlichen Legaten Bonifatius das Kloster

751 wird das Kloster unmittelbar dem Papst unterstellt (Exemtion)

754 5. Juni Märtyrertod des Bonifatius in Friesland; Überführung seines Leichnams in sein Lieblingskloster Fulda

774 Reichsunmittelbarkeit (Immunität) des Klosters

779 am 17. Dezember stirbt Sturmius

791–819 Bau der Ratgarbasilika

820–822 Errichtung der Michaelskirche (Rotunde)

822–842 ist Rabanus Maurus (5.) Abt des Klosters

948 erneute Weihe der nach Feuersbrunst (937) wieder aufgebauten Stiftskirche

969 erhält der Fuldaer Abt den Titel Primas (der Benediktineräbte) in Germanien und Gallien (Sedenzprivileg)

1019 Kaiser Heinrich II. verleiht der Siedlung Fulda das Markt-, Münz- und Zollrecht

1020 besuchen Kaiser Heinrich II. und Papst Benedikt VIII. gemeinsam Fulda

1157 erhält Fulda Stadtrechte und beherbergt einen Reichstag Kaiser Barbarossas

1220 Kaiser Frierich II. erhebt die Fuldaer Äbte in den Rang von Reichsfürsten

1237 erste Niederlassung der Franziskaner in Fulda

um 1300 erbaut Heinrich V. von Weilnau die Abtsburg an der Stelle des heutigen Schlosses

1331	vergeblicher Aufstand der städtischen Bürgerschaft gegen den Fürstabt
1350	wütet die Pest in Fulda
1356	verleiht Kaiser Karl IV. dem Fürstabt den Titel Erzkanzler der Kaiserin
1447–ca.1470	Bau der (gotischen) Stadtpfarrkirche
1525	aufständische Bauern zerstören Klöster in und um Fulda
1571	Berufung der Jesuiten nach Fulda
1584	Errichtung eines päpstlichen Seminars der Jesuiten zur Unterstützung der Gegenreformation
1607–1622	Umbau der Abtsburg zum Renaissanceschloss
1620	Franziskaner lassen sich erneut in Fulda nieder (Kloster Frauenberg)
1626	kommen Benediktinerinnen nach Fulda und beziehen 1631 ihr jetziges Kloster (inzwischen Abtei St. Maria)
1631	schenkt Gustav Adolf das Stift Fulda dem Landgrafen von Hessen. Dieser verschleppt und zerstört die berühmte Klosterbibliothek
1634	erhält der Fürstabt das Stift zurück
1668	Neubau der Klosteranlage (jetzt Priesterseminar)
1704–1712	errichtet Hofbaumeister Johann Dientzenhofer nach Abriss der alten Stiftskirche den heutigen Dom
1706–1714	Bau des Schlosses
1722–1725	Bau der Orangerie
1723	Einführung der allgemeinen Schulpflicht (für Knaben)
1727–1733	Bau des Hl.-Geist-Hospitals und der -Kirche
1734	Gründung der Universität
1741	Errichtung der Fayencemanufaktur
1752	Das Bistum Fulda wird errichtet

1758	Errichtung der Hauptwache
1758–1762	Bau der Klosterkirche Frauenberg, anschließend Errichtung des Klosters
1764	die Porzellanmanufaktur löst die Fayencemanufaktur ab; sie besteht bis 1789
1770–1786	Bau der Stadtpfarrkirche
1802	als Folge der Säkularisation verliert das Fürstentum Fulda seine Selbstständigkeit und wird dem Fürsten Wilhelm V. von Oranien-Nassau zugesprochen
1810–1813	ist Fulda unter Karl von Dalberg Departement des Großherzogtums Frankfurt
1814	stirbt mit Adalbert II. von Harstall der letzte Fürstbischof
1815	wird nach dem Wiener Kongress das Fürstentum Fulda zwischen Bayern, Hessen-Darmstadt, Kurhessen und Sachsen-Weimar-Eisenach aufgeteilt
1828	wird Fulda wieder Bischofssitz
1866	annektiert Preußen Kurhessen und damit auch Fulda. Im gleichen Jahr Anschluss Fuldas an das Eisenbahnnetz
1867	tritt zum ersten Mal die Fuldaer Bischofskonferenz zusammen (heute Deutsche Bischofskonferenz)
1875–1884	müssen im Kulturkampf die Franziskaner ihr Kloster Frauenberg verlassen
1900	wird das Schloss Sitz der Stadtverwaltung
1938	Zerstörung der Synagoge
1940	erneute Vertreibung der Franziskaner
1944 u. 1945	Bombenangriffe auf Fulda
1945	besetzen am 1. April amerikanische Streitkräfte die Stadt
1946	Beginn der Zuweisung von Heimatvertriebenen

1949 lässt sich der Deutsche Evangelische Kirchentag in Fulda nieder

1954 76. Deutscher Katholikentag in Fulda

1972 Eingemeindung von 24 bis dahin eigenständigen Randgemeinden; die Einwohnerzahl steigt auf knapp 60000

1974 verliert Fulda den Status einer kreisfreien Stadt

1980 besucht Papst Johannes Paul II. Fulda

1994 1250. Wiederkehr des Gründungstages des Klosters

2004 Gedenken des 1250. Todestages des hl. Bonifatius

2012 Feier des 300. Jahrestages der Weihe des Domes (ursprünglich Stiftskirche)

DER DOM

(St. Salvator)

Die Grabeskirche des hl. Bonifatius, die bischöfliche Kathedrale des Bistums Fulda, verdient an erster Stelle unter allen Sehenswürdigkeiten der Stadt genannt zu werden, sowohl in künstlerischer als auch in geistesgeschichtlicher Hinsicht.

Zur Baugeschichte

Am 4. September 1700 schloss der Fuldaer Fürstabt Adalbert von Schleiffras mit dem zuvor in Bamberg tätigen Architekten Johann Dientzenhofer einen Vertrag, in dem dieser zum fürstlichen Hofbaumeister bestellt wurde. Dientzenhofer kam gerade von einer Studienreise nach Rom zurück. Auf die künstlerische Gestaltung des Doms ist dies nicht ohne Einfluss geblieben. Die alte karolingische Stiftskirche, die gleichzeitig abgerissen wurde, teilweise aber auch in dem Mauerwerk des neuen Baues aufging, war wohl arg mitgenommen; baufällig im eigentlichen Sinne des Wortes dürfte sie nicht gewesen sein. Schleiffras nahm als Bauherr starken Einfluss auf die Planung. Der Bauvertrag für den Dom wurde 1704 abgeschlossen. 1707 war das Mauerwerk hochgezogen, am 14. August 1712 erfolgte die Weihe durch den Erbauer. Die Bezeichnung Dom führt die frühere Stiftskirche erst seit 1752, seit der Ernennung des Fuldaer Abtes zum Fürstbischof.

Das äußere Bild

Eine Betrachtung des Domes von der Paulusallee und dem Michaelsberg aus lässt die Raumform des Bauwerks in ihren Grundzügen klar erkennen, ohne allerdings den ganzen Reichtum der inneren Raumgestaltung zu offenbaren. Das Langhaus zeigt basilikale Anlage. Das Mittelschiff überragt die Seitenschiffe und ihre an das Mittelschiff schräg anliegenden Dächer um ein Beträchtliches. Durch Fenster über den Seitenschiffen erhält es sein Licht. Das Querschiff durchbricht die Seitenschiffe in voller Höhe des Mittelschiffes. Über der Vierung thront die Kuppel. Sie sitzt ziemlich tief in den Dächern, wird aber in den Diagonalen frei, wo sie mächtige Fenster hat. Die Fensteranordnung der Seitenschiffe und ihre Gliederung durch Pilaster weisen auf den Rhythmus der inneren Gliederung hin. Die Seitenansicht zeigt die Ausgewogenheit des Baues, die Proportionen von Türmen, Kuppel und Dachreiter erscheinen harmonisch.

Die Fassade

Im Vergleich zu anderen Barockkirchen fällt die enge Stellung der Türme auf; diese ist Ergebnis der Einbeziehung der alten Türme. Dientzenhofer aber hat aus dieser Not eine Tugend gemacht. Durch den Anbau der beiden Seitenkapellen gab er der Fassade die notwendige Breite, und durch Aufstellung der beiden Obelisken gliederte er die gesamte Fassade in ein gedachtes, gleichschenkliges Dreieck, dessen Linie von dem Gipfel des Risalits über die Kuppeln der Seitenkapellen und die Spitzen der Obelisken verläuft.

Die Anfügung der beiden Seitenkapellen gibt dem Bauwerk eine geglückte und originelle Gestalt. Klar und ruhig gegliedert durch die horizontalen Gesimse, zeigt die Fassade doch überall die emporstrebenden Linien der Senkrechten. Die Säulen des Risalits setzen sich in den Blumenvasen auf dem Giebel fort; der gesamte Bau wird mit aufsteigender Höhe leichter. Im unteren Geschoss stehen Säulen der schweren tuskanischen Ordnung, oben aber solche mit reichen Kompositkapitälen. Die viereckigen Türme gehen oben in die leichte achteckige Grundform über, um in den eleganten Turmhelmen, durch zwei Laternen aufgelichtet, auszulaufen.

Die Außenfiguren: Im Erdgeschoss der Türme stehen die großen Sandsteinstandbilder der Heiligen Bonifatius (links) und

Der Dom

Sturmius (rechts), zu den Seiten des großen Mittelfensters die Schutzpatrone der Stadt, die heiligen Ritter Simplicius und Faustinus. Auf der Giebelspitze nimmt die große Figur des Welterlösers den beherrschenden Platz ein. Auch der heutige Dom ist wie die erste und zweite Stiftskirche eine Erlöserkirche. Über dem Hauptportal zwei Engel, die das Wappen des Erbauers tragen. Der Bildhauer der Außenfiguren ist der Fuldaer Andreas Balthasar Weber. Die Wappengruppe fertigte Balthasar Esterbauer aus Würzburg. Er gilt als der bedeutendste Bildhauer Würzburgs am Anfang des 18. Jahrhunderts.

Der Grundriss

Der Grundriss des Fuldaer Domes ist eine Verbindung von Zentralbau und Langhaus; er ist maßgebend durch die Einbeziehung von Teilen der früheren Basilika (vgl. Grundriss S. 24) festgelegt. Die Türme sind eine Umkleidung der alten Türme der Stiftskirche. Das Querschiff ist nur schwach ausgebildet. Dagegen greifen die seitlichen Anbauten der Marienkapelle und der Sakristei weit aus in Anlehnung an das alte westliche Querschiff der karolingischen Basilika. Auch die gerade Durchführung der Seitenschiffe über die Vierung hinaus ist eine Anlehnung an den alten Bau. Endlich ist auch die Ausrichtung der Kirche nach Westen (anstatt wie üblich nach Osten) nur im Zusammenhang mit der Einteilung der alten Basilika zu verstehen. In dieser befand sich der dem Salvator geweihte Hauptaltar im Ostchor. Nach der Fertigstellung der Ratgarbasilika wurden die Gebeine des hl. Bonifatius in den Westchor übertragen. Das Bonifatiusgrab wurde schließlich der Schwerpunkt des Bauwerks, nach dem sich später alles zu richten hatte.

Das Innere

In der Betonung des Kuppelraumes und der Gestaltung des Mittelschiffs wird der römische Einfluss im Dominneren deutlich sichtbar. Das MITTELSCHIFF besteht aus drei schmalen und zwei breiten Jochen; zu den stark separierten beiden Seitenschiffen leiten große Bogen und kleinere Durchgänge hin.

Das Hauptportal

Über Letzteren sind betonte Figurennischen mit Apostelstandbildern ausgebildet. Der Kuppelraum verbindet Mittel- und Querschiff. Der Altarraum und der dahinter liegende ehemalige Mönchschor nehmen die Gliederung der Joche wieder auf.

Der plastische Schmuck im Innenraum und an den Altären stammt ganz überwiegend von Artari (Apostelfiguren, Figuren in Andreas- und Johanneskapelle, Engel in der Kuppel und Assistenzfiguren an den Altären) und Johann Neudecker d. Ä. (Bonifatiusaltar in der Krypta, Aufnahme Mariens über dem Hochaltar, David und Isaias neben dem Hochaltar und die Darstellungen St. Benedikt und St. Sturmius an den entsprechenden Altären). Die Fresken der Evangelisten in den Kuppelzwickeln sind von Columba gemalt; von diesem stammen auch die Prophetenme-

daillons im Querschiff. Die übrigen Wandmalereien – in den Kuppeln der Kapellen beider Seitenschiffe – fertigte Melchior Steidl.
Das Mittelschiff ist in seiner architektonischen Gestaltung viel einfacher als die Seitenschiffe und durch die Anordnung des Hochaltars vor dem ehemaligen Mönchschor auch viel kürzer. Das Tonnengewölbe der Decke trägt keinen Schmuck außer den ruhigen Stuckleisten der weit einschneidenden Stichkappen. Belebt wird die Raumwirkung durch die Einteilung des Hauptschiffes in abwechselnd kurze und lange Joche, denen an den Seiten jeweils die kleineren rechteckigen Durchgänge und die großen Arkadenbögen entsprechen. Im Mittelschiff ist alles auf den kuppelüberwölbten Raum der Vierung mit dem dahinterliegenden Hochaltar konzentriert.
In dem vorhallenartigen Raum unter der Orgelempore stehen in den Nischen die Figuren der Päpste Gregor II. und Zacharias (Artari), im Andenken an ihre besonderen Beziehungen zu St. Bonifatius. In einer Säule am Anfang des Langhauses ein gotisches Relief Karls des Großen. Es stammt aus der alten Basilika. Der Treppeneingang in der gegenüberliegenden Ecke führt in die wieder ausgegrabene Ostkrypta (nicht zugänglich) der alten Stiftskirche.
Auf der Orgelempore ein prachtvoll geschnitzter Orgelprospekt (1712–1715). Das auf das modernste erneuerte Orgelwerk ist von vollendeter Schönheit.
Durch den Mittelgang zum Hochaltar vorschreitend, betrachten wir zu beiden Seiten zwischen den Pilasterpaaren der Kurzjoche die klassisch schönen Apostelstandbilder. Links Simon, Bartholomäus, Jakobus d. J.; rechts Thaddäus, Thomas und Philippus. Sämtliche, mit Ausnahme der Thomasfigur, sind von Artari, Thomas von dem gleichen uns unbekannten Künstler, der Joseph und Joachim in der Taufkapelle schuf. Die Stuckfiguren über dem Arkadenbogen stellen symbolisch die Früchte des Hl. Geistes dar.
Am Pfeiler vor der Kanzel befindet sich eine spätgotische Schutzmantelmadonna (1485). Die Kanzel ist ein Meisterwerk barocker Schnitzarbeit mit besonders bewegtem, reichem

Blick zum Hauptaltar

Schalldeckel. Die prachtvollen Schnitzereien an Kanzel und Orgelprospekt stammen von Andreas Balthasar Weber. Die Kunstschreinerarbeiten von Georg Blank OFM.

Wir treten unter die Kuppel. Im Mittelpunkt auf dem Fußboden eine mittelalterliche runde Sandsteinplatte mit den vier ehernen Schwurhänden nach den Himmelsrichtungen, die so genannte Schwurplatte. Der Überlieferung nach sollen hier die fuldischen Vasallen den Fürstäbten den Lehenseid geschworen haben.

Mehr als 55 Meter darüber schwebt in der Laterne der Kuppel das Sinnbild des Heiligen Geistes, die Taube. In den Figurennischen über den Vierungsbögen stehen Engelstatuen von Artari, die drei Erzengel und den Schutzengel darstellend. Die Fresken in den Kuppelzwickeln stellen in kühner Bewegtheit und urwüchsiger Formensprache die vier Evangelisten dar, auf Wolken schwebend in apokalyptischer Entrücktheit. Die Gemälde stammen von Luca Antonio Columba, der auch die Prophetenmedaillons in den Seitenschiffen und im Altarraum schuf.

An den Vierungspfeilern in den Eckschrägen Grabdenkmäler Fuldaer Fürstäbte. Südöstlich das Epitaph Placidus von Drostes. Rechts vor dem Hochaltar das Dalbergepitaph. Es wurde 1732 aufgestellt. Die figürlichen Arbeiten in Alabaster sind Werke von Christian Joseph Winterstein aus Hadamar, aus der Neudeckerschen Werkstatt. Der Fürstabt ließ das Grabmal, das ihn selbst vor dem Kruzifix darstellt, noch zu seinen Lebzeiten errichten.

Links vor dem Hochaltar das Epitaph des Erbauers der Domkirche, Adalbert von Schleiffras, 1722 errichtet und aus blauschwarzem Marmor mit Alabasterfiguren gebildet. Es ist das schönste aller Grabdenkmäler der Kirche und darf als Kunstwerk ersten Ranges angesprochen werden, eine Arbeit des Joh. Heinrich Ernst Mockstatt, Bildhauer und Kupferstecher zu Fulda. Die Figuren sind von beschwingter Bewegung. Die allegorischen Figuren des Glaubens und der Hoffnung stehen an den Seiten, während die Liebe das Kupferrelief des Toten gerade erhebt, um es an die Wand zu hängen. Unten liegt die Figur des Todes.

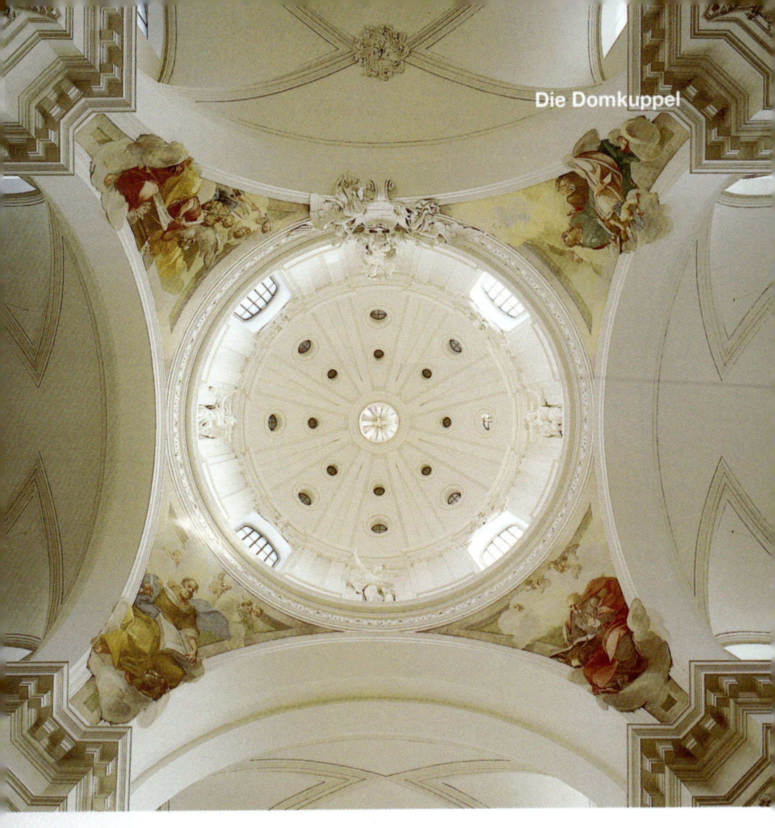

Der Hochaltar. Das Presbyterium ist durch Marmorbalustraden von Quer- und Seitenschiffen abgetrennt. Zu beiden Seiten stehen auf hohen Marmorsockeln die Alabasterfiguren Davids und des Propheten Isaias (Neudecker), über den Bogen der Emporen die Bildnisse von Moses und Isaias (Columba). In den Nischen der Schrägen, die den Altarraum von dem dahinterliegenden Chor trennen, die Apostelfiguren Petrus und Paulus (Artari). Die schwarzen, aus einem Stück gefertigten Marmorsäulen des Hochaltars tragen das Gebälk, auf dem sich die Darstellung der Aufnahme Mariens in den Himmel erhebt. Starke Voluten laufen in mit Putten belebte Wolken aus, die Maria gen Himmel tragen. Zu beiden Seiten stehen schwungvolle Engel. Die Himmelfahrtsgruppe ist eine Holzarbeit Neudeckers.

Ihr entspricht an der Decke darüber die Stuckgruppe Artaris, die Heiligste Dreifaltigkeit, die die Gottesmutter zur Krönung im Himmel erwartet.

Hinter dem Hochaltar liegt der ehemalige Mönchschor (Zutritt nicht gestattet). Der schön geschnitzte Altar umrahmt ein Bild des heiligen Abendmahls, eine Kopie des Letzten Abendmahles von Rubens im Brerapalast zu Mailand. Das prachtvolle Chorgestühl aus Nussbaumholz in strengster Form zeigt nichts von barockem Schwung, passt aber in seiner fast klassischen Form gut in die allgemeine Verhaltenheit der Kirche. Choraltar und Chorgestühl sind Arbeiten des Kunstschreiners Georg Blank, eines Franziskanerbruders. Die unter Konstantin von Buttlar errichtete Chororgel zeigt dagegen reiches barockes Schnitzwerk. In den vier Eckschrägen Figuren der heiligen Kirchenväter Hieronymus, Gregor d. Gr., Ambrosius und Augustinus, sämtlich von Artari.

Im SÜDLICHEN SEITENSCHIFF befindet sich links neben der Eingangstür die Andreaskapelle. Der Raum war vor seiner Zerstörung im Zweiten Weltkrieg in seinen Stuckverzierungen ganz besonders reich und von feinster barocker Eleganz. Die durch Bombentreffer eingestürzte Kuppel wurde in ruhigen Schmuckformen ergänzt. An der Südwand der Andreasaltar mit barockem Altarbild. In den Nischen der 4 Eckschrägen die Figuren der Heiligen Laurentius, Sebastian, Rochus und Stephanus; alle von Artari gearbeitet.

An der Wand vor dem Weihwasserkessel eine Gedenktafel. Sie erinnert an das Grab von König Konrad I. († 918) in der Kirche. Das Grab selbst ist nicht mehr bekannt.

Im Seitenschiff vorwärtsschreitend, bemerken wir die reiche Raumgliederung, die die Seitenschiffe, entsprechend dem Arkadenwechsel des Mittelschiffes, in kleine tonnengewölbte Durchgänge und kuppelgekrönte Kapellen einteilt. In der ersten langovalen Kapelle, mit einfach wiederhergestellter Kuppel und Freskogemälden von Melchior Steidl in den Kuppelzwickeln, steht der wertvolle Dreikönigsaltar.

Der Altar stammt noch aus der alten Stiftskirche und trägt das Wappen des Fürstabtes Placidus von Droste. Schon durch das wertvolle Material fällt er auf. Der Aufbau besteht aus rotem und schwarzem Marmor, der figürliche Schmuck aus Alabaster, die beiden oberen Säulchen aus Achat. Das reizvolle Altarbild von 1712, das schönste des Domes, stammt von dem Fuldaer Maler Johann Ignaz Albin, der Altar selbst aus der Werkstatt des Johann Wolfgang Fröhlicher in Frankfurt a. M. Die beiden Alabasterfiguren sind St. Bonifatius und St. Sturmius.

Die zweite Kapelle beherbergt den Martinusaltar. Das Altarblatt zeigt die beiden Heiligen mit dem Namen Martin, Papst und Bischof. Die Kuppelzwickel mit Fresken von Melchior Steidl (wie in allen Seitenkapellen des Domes) zeigen Allegorien der vier Kardinaltugenden.

In dem nun folgenden südlichen Querschiff steht der Benediktusaltar. Dieser wurde von Artari entworfen und ausgeführt. Die große Alabasterfigur des hl. Benedikt ist eine Arbeit Johann Neudeckers des Älteren.

Zu beiden Seiten des Altars allegorische Figurengruppen, den Sieg der Kirche über den Unglauben darstellend. Oben in den Nischen der Eckschrägen die Apostelfiguren St. Johannes und St. Andreas (Artari).

Rechts vom Altar das Grabdenkmal des Fürstabtes Konstantin von Buttlar († 1726). Über den Emporen an den Schnittpunkten des Seitenschiffes mit dem Querschiff Medaillons mit Prophetenbildern von Columba. Dargestellt sind Jeremias und Michäas.

Vor dem Vierungspfeiler eine neuere Herz-Jesu-Figur aus der Werkstatt der Gebr. Fleck, Fulda.

Im Südschiff links vom Hochaltar weitergehend, durchschreiten wir die dritte, diesmal kreisrund gekuppelte Kapelle mit dem Kreuzaltar. Das barocke Altarbild stellt eine Szene des Kreuzweges dar. Die Stuckausstattung ist eine frühe Arbeit des Fuldaer Stuckateurs Andreas Schwarzmann.

An der geraden westlichen Abschlusswand des Südschiffes steht der St.-Anna-Altar, wiederum eine Arbeit Artaris. Der Maler des Altarbildes ist Christoph Jung. Vor dem Altar, durch eine Grabplatte kenntlich gemacht, die letzte Ruhestätte der zur katholischen Kirche übergetretenen, 1918 verstorbenen Landgräfin Anna von Hessen, geb. Prinzessin von Preußen.

Die Treppe zur Rechten führt in die BONIFATIUSGRUFT, das Nationalheiligtum des katholischen Deutschland. Über der Treppe ein großes Gemälde des Fuldaer Hofmalers Emanuel Wohlhaubter, den Märtyrertod des hl. Bonifatius darstellend.

Vor der östlichen Kryptawand steht in schwarzem Marmor mit reichem Alabasterbildwerk der Bonifatiusaltar, das Grab des Apostels der Deutschen.

Der Altar ist ein Werk von Johann Neudecker. Das Reliefbild stellt in lebendiger Szene den Augenblick dar, in dem Bonifatius den Schwertstreich des Mörders empfängt. Noch ist er nicht zu Boden gesunken, da stürzen schon die Engel des Himmels herunter, die Palme und die Krone des Märtyrers zu bringen.

Im Antependium des Altartisches sehen wir gewissermaßen in das Grab hinein und erleben die Stunde des Jüngsten Tages voraus, in der der Märtyrer sich zur ewigen Auferstehung erhebt. Edel und machtvoll sein Leib. Engel heben die Sarkophagplatte. Die Posaune des Weltgerichts hat gerufen. Siegreich wird der heilige Kirchenfürst aus Grabestiefe emporsteigen, als Bekenner, Blutzeuge und Apostel der triumphierenden Kirche. Eindrucksvoll ist die glaubensstarke und siegesgewisse Sprache dieses Bildes.

Die Bonifatiusgruft ist in Kreuzform angelegt. Der Mittelteil wird von viermal vier Säulen getragen. Durch das tiefe Einschneiden der Treppen geht allerdings die Wirkung der Raumform verloren. In den Wandnischen stehen 16 Sandsteinfiguren, die Andreas Balthasar Weber 1705–1710 schuf. Die sechs Figuren innerhalb des Altarraumes stellen heilige Päpste, die zehn übrigen heilige Bischöfe dar, darunter Rabanus Maurus, den fünften Fuldaer Abt, der später den erzbischöflichen Thron von Mainz bestieg.

Zu beiden Seiten des Altares sind in den Wänden, einer früheren Sitte entsprechend, die Herzen Fuldaer Fürstäbte beigesetzt.

Über die nördliche Treppe verlassen wir die Bonifatiusgruft. Das Reiterbild eines Simpliciusritters aus dem 14. Jahrhundert ist über dem Treppenaufgang angebracht. An der geraden West-

Die Bonifatiusgruft

wand des nördlichen Seitenschiffes der Valentinusaltar, eine Arbeit Artaris. Das Altarbild stammt von dem Fuldaer Maler Christoph Jung.

Rechts befindet sich der Eingang zur MARIENKAPELLE. Sie dient als Sakramentskapelle. Der Marienaltar von 1758 ist in Form und Aufbau schön und anmutig. Die beiden Seitenfiguren stellen den büßenden Petrus und die büßende Magdalena dar. In den vier Eckschrägen allegorische Figuren der Tugenden Hoffnung, Glaube, Liebe und Stärke. Ursprünglich Arbeiten Artaris, wurden sie 1774 durch den Fuldaer Bildhauer Joh. Michael Hois dem klassizistischen Zeitgeschmack entsprechend recht unglücklich überarbeitet. An der Westwand ein Bild der

Hl. Familie (um 1900 Prof. Knackfuß). Es diente als Blatt für den ursprünglich den hl. Brüdern Krispin und Krispinian geweihten und später dem hl. Joseph umgewidmeten Altar. An jene beiden Heiligen, die Schuhmacher waren und das Martyrium erlitten, erinnern die beiden kleinen Bilder darunter. Gegenüber Gemälde des Fuldaer Malers Clemens Witzel „Verkündigung“ und „Vermählung Mariens“. Die Marienkapelle diente ursprünglich als Begräbnisstätte der bürgerlichen Benediktiner. Von 1802 bis 1854 wurde sie als Abstellkammer benutzt. Das erklärt die Nüchternheit des Raumes.

Von der Marienkapelle gelangen wir im nördlichen Seitenschiff, vorbei an dem von Schwarzmann gefertigten Simplicius- und Faustinusaltar (Schutzpatrone der Stadt Fulda) mit Altarbild von Joh. Ignaz Albin, in das nördliche Querschiff mit dem St.-Sturmius-Altar. Der dem heiligen Gründer der Abtei Fulda geweihte Altar gleicht in seiner ganzen Anordnung dem gegenüberliegenden Benediktusaltar. Er ist ebenfalls von Artari. Auch die allegorischen Figurengruppen, die die fuldische Kirche und den Segen der geistlichen Herrschaft im Fürstentum Fulda versinnbildlichen, wie die beiden Apostelfiguren in den oberen Figurennischen, St. Jakobus d. Ä. und St. Matthäus, sind von diesem Künstler. Das gute Alabasterstandbild des hl. Sturmius dagegen von Neudecker. Die Reliefbilder am Sockel zeigen Szenen aus dem Leben des hl. Sturmius.

Links vom Altar das Grabdenkmal Amand von Busecks († 1756). Über den Emporen, die das Seitenschiff überbrücken, wieder Prophetenbilder von Columba: Ezechiel und Habakuk.

Ein Erzstandbild des hl. Petrus (Kopie einer Statue in der Peterskirche zu Rom) steht vor dem Vierungspfeiler. Diesem schräg gegenüber wurde eine neue ungefasste Holzstatue der hl. Elisabeth von Thüringen, die neben dem hl. Bonifatius Patronin des Bistums Fulda ist, aufgestellt.

Im nördlichen Seitenschiff weitergehend, sehen wir den Altar, der den Heiligen Krispin und Krispinian geweiht ist. Das Bild zeigt die Enthauptung des hl. Krispin. Der nächste Altar ist der Thomasaltar mit Altarbild von Christoph Jung.

Dommuseum: Ragyndrudis-Codex des hl. Bonifatius, Abtsstab um 1530, Hauptreliquiar des hl. Bonifatius mit Silberfigur der Mutter Anna 1755

Kurz vor dem nördlichen Seitenportal die Johanneskapelle (Taufkapelle) mit dem Johannesaltar an der Nordwand. Sie ist besonders reich mit Stuck bedacht. Nirgends erreicht der Stuckschmuck der Domkirche eine solche Fülle und einen solchen Reichtum der Einfälle wie in diesen beiden Seitenkapellen der Ostfassade, wovon der der Andreaskapelle leider durch Kriegsschaden verloren ging. In den Ecknischen stehen die Figuren der Heiligen Maria, Joseph, Joachim und Anna. Die Bildnisse Marias und Annas sind von Artari, die beiden Figuren Josephs und Joachims von einem unbekannten Künstler. In der Kapelle Gräber des 1959 verstorbenen Erzbischofs Dr. Joh. Bapt. Dietz, des Bischofs Dr. Adolf Bolte († 1974) und des am 23. Juli 2000 verstorbenen Erzbischofs Dr. Dr. Johannes Dyba. Gegenüber der 1988 freigelegte ursprüngliche Zugang zum nördlichen, im 10. Jahrhundert errichteten Turm. Das geteilte Bogenfeld mit einfachem Rahmenprofil ist mit je einem Blattornament geschmückt.
Unser Rundgang ist beendet. „Für den mainfränkisch-hessischen Raum ist der Dom zu Fulda zu einem Mittelpunkt barocker Baukunst geworden; den deutschen Architekten fällt von nun an die Führung im Kirchenbau zu." (Zimmer, Hans, „Die Dientzenhofer") Die Kirche über dem Grab des heiligen Bonifatius war und ist ein Monument der ecclesia triumphans. Die Kräfte, die dieses Werk gelingen ließen, strömten nicht zuletzt aus dem Märtyrergrab in seinem Schoß, aus dem Geschichte gestaltenden Werk des großen Heiligen und aus seiner begnadeten, heilsgeschichtlichen Bedeutung.

Dommuseum

Aus dem Dominneren eröffnet sich der Zugang zum Dommuseum durch eine vor dem Annaaltar in die südliche Außenwand eingefügte Tür. Ebenso führt eine mit dem Wappen des Erzbischofs Dr. Dr. Johannes Dyba geschmückte Pforte in der balustradengekrönten Mauer links der Domfassade in den Garten der Domdechanei. Eine Pergola leitet zum Museumseingang hin. In ihr sind Architektur- und Grabfragmente aufgestellt, die

Die Johanneskapelle

aus dem Bereich der alten Stiftskirche stammen und vom 9. bis in das 18. Jahrhundert reichen.

Das 1965 eröffnete Museum bietet in seinen neuen, von dem Architekten Michael Brawne gestalteten und 1994 bezogenen Räumen bedeutende Sehenswürdigkeiten: die Bonifatius-Heiligtümer (das Reliquiar mit dem Haupt des Heiligen, eine aus dem Besitz des Heiligen stammende und von seinen Mördern durchstochene Handschrift, Gewandreste), den so genannten Bonifatiusstab, den großen Silberaltar zum schmückenden Umbau und Aufbau des Hochaltares, weitere hervorragende Augsburger Goldschmiedearbeiten (Silberfiguren, Reliquiare, Antependien, Monstranzen, Kelche und Leuchter), gotische Plastiken, Textilarbeiten und gottesdienstliche Geräte, wert-

volle Gemälde (u. a. von Lukas Cranach), einen einzigartigen Bestand aus barocken Paramenten in edelster Gestaltung, farbenprächtiger Erscheinung und bester Erhaltung.
Im Westen an den Dom angebaut ist das ehemalige Kloster, heute Bischöfliches Priesterseminar (nähere Angaben S. 91), diesem gegenüber liegt die ehemalige Landesbibliothek (vgl. S. 91). Auf der anderen (südwestlichen) Domseite befindet sich die Domdechanei (vgl. S. 92).

DIE MICHAELSKIRCHE

Baugeschichte

Die Michaelskirche wurde unter dem vierten Fuldaer Abt Eigil (818–822) erbaut und erhielt am 15. Januar 822 durch Erzbischof Heistulf von Mainz die kirchliche Weihe. Sie war eine Grabeskirche und lag auf dem Friedhof der Mönche. Ihre erste Anlage ist von größtem kunstgeschichtlichem Interesse: eine Rundkirche (ecclesia rotunda) von 13 1/2 Metern Durchmesser. Von einer Krypta unterfangen, ruhten die Gewölbe auf einer Säule im Mittelpunkt des Baues. In der Rotunde erhoben sich acht Säulen, im Kreisrund angeordnet, von einem Rundgang umgeben. Die acht Säulen trugen ein Kuppelgewölbe. Urkundliche Nachrichten über den ersten Bau sind in ungewöhnlichem Maße erhalten durch den Fuldaer Mönch Bruun, der unter dem Schriftstellernamen Candidus in der Lebensbeschreibung Eigils genaueste Mitteilungen macht. Der geistige Vater des Baues ist Rabanus Maurus, welcher die Titel der drei Altäre in Versen formulierte. Die eine Säule des Fundamentes und den Schlussstein des Gewölbes deutet Candidus als Christus, die acht Säulen als den Weg der acht Seligpreisungen, die den Menschen, von Christus ausgehend, zu Christus wieder hinführen. Der eigentliche Architekt der Kirche war der Fuldaer Mönch Rachulf, der Nachfolger des baugewaltigen Ratgar, der gleiche, der auch der Ratgarbasilika die Ost- und Westkrypta eingliederte.

Die Michaelskirche

Von diesem ältesten Bau ist nur noch die Krypta erhalten. Wahrscheinlich erfolgte eine Zerstörung der Rotunde im 10. Jahrhundert und danach eine Wiederherstellung unter Verwendung alter Säulenschäfte und Kapitäle. Einen bedeutenden Umbau und eine erhebliche Erweiterung erfuhr die Michaelskirche unter dem Abt Ruthard (1075–1096). Ruthard fügte dem alten Rundbau das westliche Langhaus und nach Norden und Süden kleine Seitenarme an. So wurde die alte Rundkirche die Vierung einer Kirche in Kreuzform. Die Rundkirche wurde um ein weiteres Geschoss mit Umgang erhöht, da auch das neue Langhaus zweigeschossig ausgeführt worden war. Auch das Obergeschoss erhielt Altäre, in beiden Geschossen fand Gottesdienst statt. Im Mittelbau war die Kirche nun dreigeschossig. Der viereckige romanische Westturm wurde ebenfalls unter Ruthard errichtet. Das Obergeschoss des Turmes wurde später aufgesetzt und ist stilistisch in die zweite Hälfte des 12. Jahrhunderts zu datieren.

Ein Umbau im Jahre 1315 gab dem Langhaus das steile Dach und dem Obergeschoss ein Holztonnengewölbe. Ein weiterer Umbau von 1618 erhöhte den Rotundenturm und führte zu den spitzen Turmformen; Rotunde und Langhaus erhielten Spitzbogenfenster. Um 1716 wurde die Michaelskirche durch den Propst Stephan von Clodh im barocken Sinne umgebaut. Er gestaltete das Langhaus eingeschossig und barockisierte die Innenausstattung. 1855 wurde durch Prof. Lange, Marburg, der Versuch gemacht, den Baukörper wie die Innenausstattung wieder romanisch zu gestalten. Leider geschah dabei des Guten zu viel. Reiche Portale wurden angebracht, dem Glockenturm große Rundfenster eingefügt und so das alte Bild in keiner Weise getroffen. Die Fülle wohlgemeinter, aber missglückter Restaurierungen wurde in den Jahren 1935/38 wieder beseitigt und im Wesentlichen der Zustand des alten Ruthard-Kirchenbaues von 1092 wiederhergestellt.

Malerisch liegt die Michaelskirche auf dem Michaelsberg, der mit seiner balustradengeschmückten Mauer gleichsam den Sockel ergibt, auf dem das ehrwürdige Baudenkmal aufgestellt ist.

Mittelsäule der Krypta mit
ionischem Spiralkapitell

St. Michael als Seelengeleiter, Fresko, 11. Jahrhundert

Äußeres Bild

Schon das äußere Bild der Michaelskirche vermittelt ziemlich klare Vorstellungen ihrer Raumgliederung. Wir erkennen die kreuzförmige Anordnung des Langhauses, der Querschiffe und der rechteckigen Apside um den alten Rundbau. Die Fenster deuten die Zweistöckigkeit des Bauwerkes an. Der in die Vierung emporstrebende Rotundenzylinder ruht auf den 8 Säulen des Rundbaues. An äußeren Einzelheiten beachten wir eine gotische Totenleuchte und eine kleine Sonnenuhr an der Giebelseite des südlichen Querschiffes; am dreimal verjüngten Turm die Verwendung karolingischer Grabsteine als Eckquader und die für die romanischen Bauten des Fuldaer Landes typischen Schallarkaden. Eine große Schieferplatte, von Prof. Ewald Mataré als Denkmal für die Gefallenen des Zweiten Weltkrieges geschaffen, wurde an der Südseite des Turms angebracht.

Das Innere

betreten wir durch das Westportal. In der kreuzgewölbten Turmhalle eine barocke Plastik des Erzengels Michael. Das Langhaus beherbergt gotische Figuren aus der Zeit um 1500.

An den Längsseiten rechts Maria und Katharina, links Hieronymus und Lioba. Zu beiden Seiten des Vierungsdurchgangs Kleinplastiken von Jakobus (links) und Jodocus (rechts), an dem Bogendurchgang zum Turm Reliefplastiken, die denen im südlichen Querschiff entsprechen (hier Barbara und Ottilie). Bei den Plastiken dürfte es sich durchweg um Reste ehemaliger gotischer Schnitzaltäre handeln.

In der ROTUNDE, auf die der Blick sofort fällt, finden unser besonderes Interesse die acht im Kreisrund aufgestellten Säulen mit ihren teils wertvollen und merkwürdigen Kapitälen.

Die Würfelkapitäle dürften aus der Zeit um das Jahr 1000 stammen und wurden für die tragenden Säulen gearbeitet. Die beiden Kapitäle rechts des Altares (nächst dem südlichen Eingang) sind karolingisch. Sie wurden bei ihrer Wiederverwendung den Säulenschäften erst angepasst. Die beiden Kapitäle links des Altares (nächst der Rochuskapelle) waren bezüglich ihrer Entstehungszeit schwerer einzuordnen. Sie werden inzwischen der gleichen Kunstepoche zugeschrieben.

Die Rotunde der Michaelskirche steht im Wesentlichen so vor uns, wie sie um 820 unter Eigil errichtet wurde. Schon um ihres Alters willen beansprucht sie unser ganzes Interesse. Als eines der ganz wenigen erhaltenen karolingischen Bauwerke hat sie in der deutschen Kunstgeschichte längst ihren Platz.

Im Inneren des Rotundenzylinders sehen wir in den Zwickeln über den Säulen Reste romanischer Wandmalereien. Gut erhalten ist von der einst ganz ausgemalten Kirche ein Fresko über der Ostapside mit dem Sakramentsaltar. Diese Darstellung stammt aus dem 11. Jahrhundert. Der Inhalt des Wandgemäldes wird gedeutet als eine Wiederkehr des Herrn (links) zum Gericht, wobei die große Engelfigur (rechts) als St. Michael, als Seelengeleiter, aufgefasst wird. Zu der Eigenschaft der Kirche als Friedhofskapelle und Totenkirche steht diese Darstellung somit in enger Beziehung. Links davon eine Kreuzigungsgruppe aus dem 15. Jahrhundert: Christus am als Lebensbaum verästelten Kreuz.

Das nördliche Seitenschiff bildet eine Kapelle, die 1716 in der heutigen Form errichtet wurde. In ihr steht ein Barockaltar mit

ausdrucksvoller Pieta des 1704 nach Fulda gekommenen Bildhauers Andreas Balthasar Weber. Die Pestheiligen Sebastian (links) und Rochus stehen an den Seiten. Besonders interessant ist eine in der linken Kapellenecke angebrachte frühgotische Steintafel vom Beginn des 14. Jahrhunderts. Auf ihr ist die Leidensgeschichte Christi dargestellt. Die anderen dort angebrachten Grabplatten sind von untergeordneter künstlerischer Bedeutung.
An der Wand vom südlichen Seitenschiff zur Rotunde gotische Reliefplastiken: links Antonius der Einsiedler, rechts Valentinus.
Aus dem Südschiff steigen wir hinab zur KRYPTA. Sie steht vor uns, wie sie unter Eigil erbaut wurde. Die kurze Mittelsäule trägt auf einem ionischen Kapitäl das runde Tonnengewölbe. Der Altar wurde erst in jüngerer Zeit errichtet. Der Umgang der Krypta ist durch Wände in Zellen eingeteilt, die einst als Beinhaus für den um die Kirche gelegenen Mönchsfriedhof dienten. In der Krypta befinden sich die Steinsärge des Abtes Eigil und des Schottenmönches Amnichad, der der Legende nach als Recluse in der Krypta gewohnt haben soll.
Im Obergeschoss der Kirche, das nicht zugänglich ist, haben sich einige Reste romanischer Wandmalerei erhalten.
Kein aufgeschlossener Besucher wird die Michaelskirche verlassen können, ohne von der sakralen Wirkung dieser weihevollen Räume tief beeindruckt zu sein. Dabei gilt es aber, sich zu erinnern, dass sie heute nur noch einen ganz bescheidenen Bruchteil dessen darstellt, was in karolingischer, ottonischer und romanischer Zeit Fulda an Bauwerken zierte. Neben der gewaltigen Ratgarbasilika, neben dem Stift und der Kaiserpfalz, neben der Marktkirche und den Klosterkirchen Frauenberg, Petersberg, Johannesberg, Andreasberg war sie nur eine Friedhofskapelle.
Im Norden ist das Bischöfliche Palais an die Kirche angebaut worden (vgl. S. 95).

DAS SCHLOSS

Zur Baugeschichte

Das erste Residenzschloss des Fuldaer Fürstabtes, die Abtsburg, wurde durch Heinrich V. von Weilnau begonnen und 1312 vollendet. Bereits 1331 wurde diese jedoch bei einem Aufstand der Fuldaer Bürger zerstört, sodass Heinrich VI. von Hohenberg eine neue Abtsburg errichtete, welche Johann Friedrich von Schwalbach abbrechen ließ, der seinerseits von 1607–1612 einen Neubau im Renaissancestil durchführte, der nunmehr als Schloss bezeichnet wird. Der noch von der ersten Burganlage übernommene Bergfried wurde damals in seinem oberen Teil achteckig umgestaltet.

Die Fürstäbte Adalbert von Schleiffras (1700–1714), Konstantin von Buttlar (1714–1726) und Adolf von Dalberg (1726–1737) ließen die Schlossanlage so wie sie heute vor uns steht erbauen. Dabei bezog man das Mauerwerk des Renaissanceschlosses in großem Umfang in den Neubau mit ein. Der Mittelbau und die

Gebäude des inneren Schlosshofes wurden 1707–1713 errichtet, der linke nördliche Vorderflügel wurde 1721 vollendet, der rechte, stadtseitig gelegene, war bereits 1711 errichtet worden. Architekt des Schlosses war Johann Dientzenhofer; nachdem dieser Fulda 1711 verlassen hatte, vollendete nach seinen Plänen Andrea Gallasini das Bauwerk. Der alte Schlossturm, den man erhalten und in den Bau eingegliedert hatte, erhielt unter Heinrich von Bibra (1759–1788) statt der bis dahin vorhandenen Haube eine Plattform.
1894 verkaufte der Landgraf von Hessen das Schloss an die Stadt Fulda. Dieser dient es heute als Sitz der Verwaltung.

Das äußere Bild

Das Schloss wirkt nicht nur durch seine Größe, sondern auch durch seinen ruhigen, wohlabgewogenen Stil. Die Fassaden wurden 1979/80 entsprechend dem durch Befunde nachgewiesenen originalen Farbton der Erbauungszeit neu verputzt.
Den vorderen Schlosshof/Ehrenhof betreten wir durch ein von breiter Durchfahrt geteiltes schmiedeeisernes, teilweise vergoldetes Abschlussgitter mit reicher Architektur. Die 6 mythologischen Sandsteinfiguren, Themis, Mars, Zeus, Herkules, Apollo und Athene, sind Werke von Joh. Neudecker d. Ä.
In die beiden Seitenflügel führen jeweils zwei Treppenaufgänge mit wappengekrönten (links Konstantin von Buttlar, rechts Adolf von Dalberg) Portalen.
Den Abschluss des Ehrenhofs bildet der Mittelbau. Dieser ist akzentuiert durch einen in Sandstein ausgeführten Risalit, der seine Gliederung von Säulen, Pilastern, Balkonen und der Tordurchfahrt erhält. Bekrönt wird er von einer Figur der Fortuna (Kopie eines Werkes von A. B. Weber), deren Füllhorn den Segen der fürstlichen Herrschaft symbolisiert. Im Giebelfeld darunter das von Putten gehaltene Schleiffraswappen.
Die Bauten des inneren Schlosshofes sind durch von korinthischen Kapitälen bekrönte Pilaster und durch arkadierte Vorhallen gegliedert. Dem Tor des Mittelbaus gegenüber befindet sich der mit einer Dianastatue und mythologischen Figuren

Der Kaisersaal

ausgestattete, 1710 von A. B. Weber nach Entwurf von Artari geschaffene Brunnen. Dabei fand die Brunnenschale aus dem Renaissanceschloss wieder Verwendung. Über der Tordurchfahrt des Mittelbaus steht eine frühbarocke (1650) Plastik der hl. Katharina, der Schutzpatronin der alten Abtsburg.

Das Schlossinnere

Die Durchfahrt zum hinteren Schlosshof ist als Pfeilerhalle ausgebildet. In ihr befindet sich der Eingang zu den historischen Räumen des Schlosses.

Von der Pfeilerhalle aus betritt man das untere Vestibül, in dem barocke, die vier Elemente symbolisierende Plastiken aufgestellt wurden.

Ein paar Stufen führen hinunter in einen Saal im Erdgeschoss. Er diente früher als Sommersaal – Sala terrena – , bildete also den Übergang von der Architektur in die Natur. Hohe, leider meist verschlossene Türen führen hinaus in den Schlossgarten. Der Ausmalung des Saales entsprechend erhielt der Raum den Namen KAISERSAAL.

Die Medaillons stellen – beginnend mit Rudolf I. (linke Stirnwand, Mitte) – 16 deutsche Kaiser aus dem Hause Habsburg dar. Die Fresken in den Stichkappen beziehen sich auf historische Ereignisse im Leben und unter der Regentschaft Karls VI. (1711–1740), der zur Erbauungszeit des Schlosses bzw. zur Zeit der Ausgestaltung des Saales deutscher Kaiser war. Die vier Rundbilder in der Deckenmitte verherrlichen die habsburgische Herrschaft. Sämtliche Gemälde sind Arbeiten des Fuldaer Hofmalers Emanuel Wohlhaubter. Wir stehen hier in einem Prunkraum barocker Innenarchitektur. Die überaus reiche und meisterhafte Stuckierung ist in den Jahren 1727–1731 durch Andreas Schwarzmann erfolgt. Die Figuren der Hermen verfertigte Joh. Friedrich Humbach, der Meister der Floravase im Schlossgarten. In den Mittelnischen der Schmalseiten stehen allegorische Plastiken (Architektur und Gartenbau), die früher im Schlossgarten aufgestellt waren. Abgüsse derselben werden uns noch mehrfach begegnen.
Über den Treppenaufgang gelangt man in das Vestibül des ersten Obergeschosses. (Von hier aus kommt man auch in den aus der alten Abtsburg stammenden Schlossturm). Das erste Geschoss des nördlichen/gartenseitigen Flügels diente zunächst als fürstäbtliche Wohnung. Nach 1821 wurde das Innere des Flügels zur Residenz des hessischen Kurprinzen umgestaltet. Aus jener Zeit stammt die derzeitige Ausstattung. Rechts das sogenannte Kurfürstenzimmer. Auf einen Durchgangsraum folgt der Marmorsaal. Ursprünglich wies er als Haupt- und Speisesaal reichen Stuck und Deckengemälde und an den Wänden eine rote Samtbespannung auf. Im Zuge der 1830 abgeschlossenen Umgestaltung erhielt die Decke eine Bemalung mit dem kurhessischen Staatswappen inmitten; die Wände wurden mit Stuckmarmor verkleidet.
Von dem genannten Vestibül aus gelangt man zu der im Hauptbau befindlichen der hl. Katharina geweihten Schlosskapelle mit Barockaltar (Altarblatt von J. I. Albin) und Fresken von Melchior Steidl. In der ehemaligen Sakristei ist die Sammlung thüringischer Porzellane des 18. Jahrhunderts von Prof. Dr. Hellmut Nieth ausgestellt.

Nach rechts sich wendend gelangt man im ersten Obergeschoss des südlichen/stadtseitigen Seitenflügels zu den SPIEGELSÄLEN. Über deren Eingang ist ein Wappen des Adolf von Dalberg angebracht, links Hellebarden. In dem Vorraum der Spiegelsäle Porträts von Mitgliedern des fuldischen Hofes. Hier ist auch die Sänfte einer adeligen Dame damaliger Zeit abgestellt.
Zuerst betreten wir den DALBERGSAAL, früher Speisesaal des Fürstabtes Adolf von Dalberg (1726–1737). Ein großes Deckengemälde von Emanuel Wohlhaubter stellt das olympische Mahl der griechischen Götter in heiterer Beschwingtheit dar. Im reichen Stuck von Andreas Schwarzmann sind Bauten, die Dalberg hatte ausführen lassen, wiedergegeben: die Propstei Zella, Ort seines langjährigen Wirkens, die Fuldaer Universität, die Heilig-Geist-Kirche. Die Stuckdekoration in den Ecken symbolisiert die bevorzugten Gebiete fürstlicher Betätigung (Kunst, Waffenhandwerk, Architektur und Gartenbau, Jagd) und zugleich auch die Jahreszeiten. Ein großes Gemälde Dalbergs von Emanuel Wohlhaubter hängt dem Eingang gegenüber. Weiterhin enthält der Saal Bildnisse von acht Kapitularen sowie vier Supraporten – die vier Erdteile darstellend – (es handelt sich um Kopien nach Originalen von Herrlein), große Rocaillespiegel und einen eisernen Rundofen mit Buttlarwappen. Die rote Seidentapete ist wie die anderen in den folgenden Räumen nach denselben Mustern, in derselben französischen Weberei in Lyon, die schon zur Zeit Dalbergs die Tapeten geliefert hatte, gearbeitet worden.

Nach dem Tode Dalbergs hatte Amand von Buseck (1737–1756) seine Bauleidenschaft und seine gärtnerische Liebe mehr in Schloss Fasanerie betätigt. Erst sein Nachfolger Adalbert von Walderdorff (1757–59) ließ im Schloss die noch unfertigen Räume des Südflügels ausstatten. Die Zeit war dafür nicht günstig: Der Krieg, der sieben Jahre dauern sollte, ging mehrmals über das fuldische Land hinweg. Der Fürstbischof selbst musste seine Residenz verlassen. Er floh nach Salmünster. Zuletzt lebte er in einer Exklave seines Fürstbistums auf Schloss Johannisberg im Rheingau. Hier starb er. Seiner schönen Räume, die wir heute die Walderdorff-Zimmer nennen, hat er sich nicht lange erfreuen können.

Das anschließende BLAUE ZIMMER diente als Warteraum für den Audienzsaal. Das Deckengemälde von Emanuel Wohlhaubter, „Die Göttin Diana fährt zur Jagd", in zarten hellen Farbtönen. Schwerer Barockschrank, ihm gegenüber ein hoher Spiegel in Rocaillerahmen, davor ein Rokokotisch, auf dem eine chinesische Porzellanvase steht. Hier sind mehrere Reihen im Geschmack der damaligen Zeit eng gehängte Gemälde angebracht. Naturgemäß sind Werke des Hofmalers Herrlein zahlreich vorhanden.

Dem Deckengemälde entsprechen die Supraporten mit Jagdszenen und weitere Jagdbilder mit Kavalieren und Jägern. Sehr gut ein Tierbild „Hasen im Kohl". Zwei ältere Ruinenlandschaften; verschiedene Blumen- und Tierstücke. Zwei stuckierte Nischen für Rundöfen.

Im folgenden AUDIENZZIMMER befinden sich ein besonders schöner Fußboden, eine Seidentapete in warmen, goldenen und rotbraunen Tönen. Zwischen den Fenstern ein Spiegel, davor ein Rokokotisch mit herrlicher chinesischer Vase, ein Kamin gegenüber. Darauf steht wieder ein Spiegel – auch dieser in reich vergoldetem und geschnitztem Rahmen. Diesmal erhebt sich darüber nochmals ein Gemälde – die Farben der Tapete und des Kaminfeuers sind aufgegriffen in einer Darstellung des Vulcanus mit seinen Gehilfen am Schmiedefeuer. Über den Türen, wie in den folgenden Räumen, Supraporten Herrleins – hier antikisierende Gebäude, Herren und Damen in vornehmer Tracht –, in wundervoll geschnitztem Rahmen von Valentin Schaum. In einer Vitrine links ausgestellt: die Mitra Heinrichs von Bibra und eine Nachbildung seines Fürstenhutes. Deckengemälde von Wohlhaubter mit Allegorie der fürstlichen Herrschaft, ihrer Segnungen, ihres Anspruchs und ihrer Fundamente; Letztere symbolisiert in den vier Kardinaltugenden Tapferkeit, Mäßigung, Gerechtigkeit und Klugheit.

Das GRÜNE ZIMMER ist das ehemalige Schlafzimmer des Fürsten. Die Zimmerdecke weist einen besonders eleganten Rokokostuck auf. Über der Innenwand hängt jetzt ein großes barockes Gemälde, ein Geschenk des Grafen von Schlitz. Die Tapetentür daneben führt in das Zimmer des Kammerdieners, eine andere ins fürstliche Privet. Dem Eingang gegenüber zwei Darstellungen Herrleins, „Jakob ringt mit dem Engel“ und „Engel tröstet den Propheten Elias unter dem Ginsterbusch“. Zwischen Tür und Ofennische Kopien Herrleins nach Gemälden von Peter Paul Rubens „Moses schlägt Wasser aus dem Felsen“, „Moses und die eherne Schlange“, dieses aber seitenverkehrt kopiert. Beide Originale hängen in der Nationalgalerie in London.

Eine dritte Kopie „Magdalena salbt Christus die Füße“ hängt im Original in der Eremitage zu Petersburg. An der gegenüberliegenden Wand ein Bild des hl. Josef. Die Supraporten stellen Szenen aus dem Alten Testament dar, nämlich den Erzengel Raphael mit Tobias, den ein Fisch verschlingen will, am Tigrisfluss und den in der Wüste schlafenden Propheten Elias, der von einem Engel geweckt wird.

In allen Räumen sind die Türen aus Eichenholz mit reich vergoldetem Schnitzwerk. Im unteren Teil enden die Schnitzereien in den springenden Walderdorffschen Wappenlöwen. Die Walderdorffräume sind nach den Weisungen des offensichtlich sehr kunstverständigen Fürsten ausgestattet worden. So ist ein stilistisch einheitliches Werk von hohem Rang entstanden.

Höhepunkt dieser anmutigen Schöpfung ist das SPIEGELKABINETT. Spiegelsäle und -kabinette galten als Inbegriff fürstlichen Prunks, da Spiegel damals sehr wertvoll waren. Die Zusammenstellung von erlesenem Holzwerk, vergoldeten Rahmen um Spiegel und Gemälde auf rotseidener Tapete schafft hier eine wundervolle Harmonie. Die Zusammenfügung von Spiegeln und Gemälden scheint eine Eigenart des Fuldaer Spiegelkabinetts zu sein.

Der Raum enthält 46 kleine Gemälde, jeweils reihum See- und Hafenstücke, Ruinenbilder, ländliche Idylle, Pferdeidylle und Schlachtenbilder, Landschaften mit mythologischer Staffage,

Spiegelkabinett

Wald- und Jagdbilder, Bilder aus dem Landleben, drei langovale Landschaften, vier Jahres-, zugleich Tageszeitenbilder, die auch noch die Himmelsrichtungen im Raum angeben, und eine Supraporte, darstellend eine Vedute aus Venedig. Das Deckengemälde ist eine Allegorie des fuldischen Staatswappens.
Der kleine Raum neben dem Spiegelkabinett enthält Kostbarkeiten anderer Art: Porzellane aus Thüringer Manufakturen. In der linken Vitrine verschiedene kleinfigürliche Darstellungen. In der rechten Vitrine u. a. eine „Gruppe der sieben Planeten", die Wenzel Neu für die Hildburghausener Manufaktur im Closter Veilsdorf entworfen hat. Wenzel Neu war von 1764 bis zu sei-

nem Tode 1774 in Fulda. Zur Raumausstattung gehören ferner mit Blaumalerei versehene Teller, Schalen, Vasen. Außerdem chinesisches und Delfter Porzellan. Die Supraporten zeigen ländliche Szenen.

Den nun folgenden kleinen Raum nennt man ROTE GALERIE. Er wird als Gemäldekabinett benutzt. Hier sind Bilder aus der Sammlung des Domkapitulars und Bistumsverweser Konrad Hahne (gest. 1880) ausgestellt: Blumenstücke, Fruchtstücke älterer Meister, eine sehr schöne Madonna mit Kind. Zwei ältere Bilder holländischer Art: ein Mann und eine Frau auf dem Gegenstück. Gemalte Vasen mit Blumen und Tauben – vielleicht Supraporten – , kleinere Vasen mit Blumen, Gegenstücke. Dem Kamin aus Marmor und Alabaster gegenüber ein Tisch (mit eingearbeitetem Buseckwappen), auf dem zwei Chinavasen aufgestellt wurden, darüber ein großer Spiegel mit Oberteil. Die Supraporten stellen Angler- und Hirtenszenen in idealer Landschaft dar.

Im darauf folgenden ARBEITSZIMMER hängt über der Tür zum Grünen Zimmer ein größeres Gemälde „Jesus wird im Tempel dargebracht" (von Herrlein). Acht reizvolle Porträts von Mitgliedern des fuldischen Hofadels zieren den Raum. Fächer der Fürstin von Wittgenstein. Schöner Stuck in der Nische; die Supraporten zeigen ländliche Szenen.

In dem folgenden, neu angelegten Treppenhaus an der Wand eine fränkische Madonna (Riemenschneiderkreis um 1500) mit bemerkenswert gearbeitetem Faltenwurf.

Daran schließt sich ein Raum an, in dem in drei Vitrinen Porzellane thüringischer Manufakturen gezeigt werden.

Dann folgt die KUNSTKAMMER, ein Kabinett, das Fuldaer Porzellan aus der Sammlung Prof. H. Nieth zeigt. Über der Eingangstür ein Porträt des Amand von Buseck, außerdem zwei Porträts des Hofkammerdirektors Karl Benedikt Welle (J. A. Herrlein). Die Ausstellungsstücke sind Erzeugnisse der Fuldaer „Porcellain-Fabrique". In der kurzen Zeitspanne von 1764, als Heinrich von Bibra die Fabrik gegründet hatte, bis zur Auflösung 1789 unter Adalbert von Harstall waren hier

Kostbarkeiten geschaffen worden, die heute mit Schöpfungen aus Meißen, Frankenthal, Höchst und Nymphenburg wegen ihrer Schönheit gerühmt und wegen ihrer Seltenheit teuer bezahlt werden. Kaffeegeschirr mit dazugehörigen Schalen zeigen Landschaften in Graumalerei, mit blassblauen Streublümchen, mit wundervollem Purpurton. Nach 1780 werden die Rokokoformen durch strengere klassizistische ersetzt: Auf geraderen Tassen findet man in purpurner Umrandung in Grau fein gezeichnete antikische Philosophenköpfe, dazu gibt es Konfektschälchen, Tafelleuchter mit antiken Säulen erhalten Silhouets, wie auch Porzellanmedaillons mit scharf ausgearbeiteten, kenntlichen Silhouetten der Mitglieder des Hofstaates, z. B. Sigismund von Bibra. Von großem Reiz sind figürliche Gruppen, wie wir sie als typisch für die Porzellane des Rokoko empfinden. Die „Fuldaer Musikanten“ (1783) sind von G. L. Bartholomé, der seit 1770 Wenzel Neus Gehilfe gewesen war, geschaffen worden. Später hat er nach Frankenthaler Vorbild in Fulda modelliert. Ein Geschirr in blauem Strohblumenmuster auf Weiß kanneliertem Porzellan trägt die Marke Adalbert von Harstalls und entstammt dem letzten Brand vor der Stilllegung der Fabrik „wegen ihrer zu geringen Wirtschaftlichkeit“.

Der Bereich der Spiegelsäle wird abgeschlossen durch den ehemaligen Aufenthaltsraum der Fuldaer Hofwache. Auf diesen Verwendungszweck weisen die Stuckembleme an der Decke hin. Die hier ausgestellten Porzellane, sämtlich aus der Fuldaer Manufaktur entstammen den Sammlungen Dr. Oscar von Waldthausen, Prof. Dr. Hellmut Nieth und des Museums. Die gezeigten Stücke gewähren einen guten Überblick – auch stilmäßig – über das in den nur 25 Jahren ihres Bestehens in der Fuldaer Manufaktur Geschaffene. Der Schwerpunkt der Sammlung liegt bei den Gebrauchsporzellanen; sie enthält darüber hinaus aber auch zahlreiche figürliche Darstellungen.

Zurückgekehrt in das erste Vestibül gelangt man über die Treppe in das Vestibül des zweiten Obergeschosses. Im Treppenhaus ein aus dem Renaissanceschloss stammendes Fenstergewände und schräg darüber eine mittelalterliche Leuchternische aus der alten Abtsburg.

Das Treppenhaus wird abgeschlossen von einem Deckenfresko, das eine Ruhmesgöttin darstellt und von Melchior Steidl gemalt wurde, ebenso wie der Sturz Phaetons im oberen Vestibül. Letzteres war durch den Einbau von Zwischenwänden stark beschädigt und wurde an Hand einer anderen Steidlschen Darstellung gleichen Inhalts ergänzt. An den Wänden wurden Porträts Fuldaer Fürstäbte und -bischöfe angebracht. Nach rechts tritt man in den großen Vorsaal („Grünes Zimmer") der Wohnung des hessischen Kronprinzen, einen in der ersten Hälfte des 19. Jahrhunderts im Auftrag des Kurfürsten Wilhelm II. von dem Architekten Bromeis neu gestalteten Raum.

Der Rundgang führt jedoch vom Vestibül weiter nach links in das GOBELINZIMMER. Die Gobelins sind flämische Arbeiten aus dem 17. Jahrhundert. Dargestellt sind Tugenden (Tapferkeit und Hoffnung) und Szenen aus dem Alten Testament (Harfe spielender David, Elias mit Engel, Melchisedech und Abraham). In der Mitte des Raumes befindet sich ein vermauerter Kamin mit alten holländischen Kacheln. Darüber ein Porträt des Fürstabtes Konstantin von Buttlar und dessen Wappen mit Chronogramm (1715).

Es folgt der prachtvolle FÜRSTENSAAL mit seiner reichen von Andreas Schwarzmann gestalteten Stuckdecke. Im großen flachen Mittelfeld Deckengemälde: der Götterhimmel des Olymps und in der Wölbung ringsherum zehn ebenfalls von Melchior Steidl (1713) gemalte Fresken mit Darstellungen aus der griechischen Mythologie. Die einzelnen Szenen versinnbildlichen jeweils die Bestrafung menschlichen Übermuts durch die Götter. In der Mitte der Stirnwand ein Kamin mit Spiegelaufsatz und Wappen des Adalbert von Schleiffras. Die Rahmen des Spiegels und der Supraporten sind ergänzte barocke Arbeiten.

Die Wände des Fürstensaales wurden mit einer stilentsprechenden Seidentapete aus Lyon bespannt. Die Leuchter stammen aus Wien und wurden ebenso wie die Bestuhlung des Raumes dem Zeitgeschmack nachempfunden.

An den Wänden die Porträts der Fuldaer Fürstäbte und Fürstbischöfe des 17. und 18. Jahrhunderts, Gemälde der Fuldaer Hofmaler Wohlhaubter und Herrlein. Der Saal wird als Sitzungssaal der Stadtverordneten sowie für Empfänge und Kammerkonzerte benutzt.

DER SCHLOSSGARTEN

Der Schlossgarten ist durch die hohen Terrassen vor dem Schloss und vor der Orangerie wirkungsvoll gegliedert. Er war ursprünglich in den strengen Formen barocker Gartengestaltung angelegt. In den 20er Jahren des 19. Jahrhunderts – unter kurhessischem Regiment – wurde er im Stil eines englischen Parks umgestaltet. In den Jahren 1990–1993 wurde er erneut verändert, um ihn barockem Empfinden wieder anzunähern, insbesondere die axiale Beziehung zwischen der Schloss- und der Orangerieterrasse und das Fontänenbecken wiederherzustellen. Die meisten Gartenplastiken, die ihn einst schmückten, gingen verloren.

Die SCHLOSSTERRASSE ist von den für Fulda typischen Balustraden eingefasst. An ihren Längsseiten stehen zwei alte Gartenfiguren, westlich Flora, östlich Herkules von Joh. Neudecker d. Ä., vor dem Kaisersaal zwei schwungvoll bewegte allegorische Statuen, die Gartenkunst und die Baukunst von Joh. Neudecker d. J. (1720–1722 Hofbildhauer in Fulda). In der deutlich betonten Mittelachse der Schlossterrasse führen zwei balustradenumsäumte Treppen in eleganter Bewegung, ein Brunnenbecken umfassend, in den tief liegenden Mittelteil. Die Schlossgartenmauer, von schmiedeeisernen Gittern durchbrochen, ist durch das künstlerisch fein empfundene Gartenportal nach der Paulusallee hin wirkungsvoll bereichert. In den beiden Ecken gegen die Orangerieterrasse alte Brunnennischen mit Wasserbecken.

Wiederum in der Mittelachse führt die große ovalrunde Freitreppe zur ORANGERIETERRASSE hinauf. In ihrer Mitte erhebt sich die berühmte Floravase, ein Werk des Bamberger Bildhauers Daniel Friedr. Humbach (1728). Von üppigen Blumengewinden umkränzt und von Amoretten umschwebt, thront hier Flora als Personifizierung der ganzen heiteren Herrlichkeit, die sie einst umgab. Triumphierend hebt sie die goldene Lilie empor, Wappenemblem des damaligen Fürstabtes Adolf von Dalberg. Der Geist des Barocks ist hier eingefangen wie in keinem zweiten

Blick zur Orangerie

Bildwerk auf Fuldaer Boden. Schwebende Leichtigkeit, ja ein sprühendes Feuerwerk barocker Geistigkeit hat der Meißel des Künstlers aus dem schweren Steinblock gezaubert. Mit Recht zählt die Flora zu den Höhepunkten barocker Bildwerke Deutschlands.

Nach Nordosten schließt sich im Schlossgarten der stimmungsvolle, von Wasservögeln belebte Weiher an sowie die zur Kurfürstenstraße führende schattige Kastanienallee und der Rosengarten, an dessen Ende ein Brunnen in barocker Steinfassung steht.

DIE ORANGERIE

Alle Profanbauten des Fuldaer Barocks werden an Schönheit und künstlerischer Bedeutung überragt von der Orangerie im nördlichen Teil des Schlossgartens.

Baugeschichte

Die Orangerie wurde errichtet durch den feinsinnigen und kunstliebenden Konstantin von Buttlar (1714–1726). Der Plan stammt von einem der berühmtesten deutschen Architekten der damaligen Zeit, Maximilian von Welsch. An der Ausführung des Baues (1722–1725) wirkte Friedr. Joachim Stengel mit als Vertreter des fürstlichen Bauinspektors Gallasini. Stengel war in Fulda von 1722–1730. Die Vollendung der Innenausstattung fällt bereits in die Zeit des Fürstabtes Adolf von Dalberg, dessen Wappen im Innern des Apollosaales angebracht ist. Der an den Südwestflügel anstoßende Große Stadtsaal ist ein Anbau aus dem Jahre 1900.

Äußeres Bild

Die Orangerie ist deutlich in einen Mittelbau und zwei Seitenflügel gegliedert; dieser Einteilung entsprechen die drei Säle im Innern. Mit breiter, wohlgegliederter Front bildet sie den nördlichen Abschluss des Schlossgartens. Sie ist ein Bau von festlicher Eleganz, dessen Fassade durch Pilaster mit von Blumengirlanden geschmückten Kapitälen weiter untergliedert ist.

Das große Buttlarsche Wappen im Giebelfeld des Mittelbaues ist eine Arbeit Mockstatts, des Meisters des Schleiffrasgrabmals im Dom. Die Vasen über den Pilastern vor dem Mansardendach fertigte A. B. Weber.

Zwei 1726 errichtete Pavillons standen früher seitlich vor der Orangerie. Diese wurden 1826 abgebrochen; jedoch in jüngster Zeit (1985 und 1990) auf den noch vorhandenen Grundmauern äußerlich originalgetreu wieder aufgebaut.

Der Apollosaal
in der Orangerie

Die Innenausstattung

Der äußeren Pracht der Orangerie durchaus ebenbürtig ist die Innenausstattung. Der mittlere, so genannte APOLLOSAAL gehört zu Fuldas bedeutendsten Sehenswürdigkeiten. Gurlitt schreibt: „Das Herrlichste an der Orangerie jedoch ist ihre Ausschmückung mit den glänzenden Stukkaturarbeiten", und er nennt sie „Werke von einer Anmut und Grazie der Zeichnung, von einer Formvollendung und einem Umfang an Phantasie, wie wenig andere in deutschen Landen". Die Stuckarbeiten sind ein Werk des Fuldaer Hofstuckateurs Schwarzmann nach Entwürfen von Pozzi. Das wertvolle Deckengemälde von Emanuel Wohlhaubter steigert noch die festliche Raumwirkung. Es ist signiert und datiert 1730 und stellt im Mittelbild Apollo auf dem Sonnenwagen und auf Wolken thronend die vier Elemente, in den Ecken allegorische Bilder der vier Weltteile dar. Es ist auf die nur schwach gewölbte Decke gemalt. Durch die raffinierte Perspektive des Bildes wird ein hohes Gewölbe vorgetäuscht. Die beiden Seitensäle sind wesentlich einfacher gehalten, aber ebenfalls von vornehmer Raumwirkung. Auch in ihnen haben sich die alten, reizvollen Stuckdecken Schwarzmanns erhalten. Nördlich des Mittelsaales und durch die Mitteltüre mit diesem verbunden ein stimmungsvolles Sälchen mit ebenfalls Wohlhaubterschem Deckenbild, mit den Symbolen der vier Jahreszeiten.

WEITERE BAUTEN IM BAROCKVIERTEL

Westlich der Orangerie steht das in kräftigen Barockformen gehaltene PAULUSTOR. 1711 nach Plänen Joh. Dientzenhofers errichtet, stand es zunächst zwischen Schloss und Hauptwache. (Die Stelle ist heute noch kenntlich an den auf hohen Pfeilern stehenden Wächterfiguren.) 1771 wurde es durch Fürstbischof Heinrich von Bibra an den heutigen Standort versetzt, um das Fuldaer Barockviertel zu einer städtebaulichen Einheit zusammenzufassen. Die Seitenbauten wurden durch Karl Phil. Arnd damals hinzugefügt. Lediglich in der Mitte des Tores befand sich früher der Durchlass. Mitte des 19. Jahrhunderts wurden die Fensteröffnungen der Nebenräume zu Fußgängerpassagen erweitert und gleichzeitig die inneren Wände zum Torgewölbe entfernt. Das dreiteilige Tor trägt stadtseits die Figuren der Stadtheiligen Simplicius und Faustinus und über

dem fürstbischöflichen Wappen das Standbild des hl. Paulus. An der Außenseite ein älteres, vermutlich vom Ende des 17. Jahrhunderts stammendes Reliefbrustbild des hl. Bonifatius.
Gegenüber dem Einfahrtstor zur Orangerie liegt das BISCHÖFLICHE PALAIS, das Gebäude der ehemaligen Fuldaer Propstei Michaelsberg. Der einfach-vornehme Bau steht heute im Wesentlichen in der Form der Restaurierung durch den Propst Stephan von Clodh (um 1718) vor uns. Über dem Portal das Wappen des damaligen Fürstabtes Konstantin von Buttlar.
Am westlichen Ende des Michaelsbergs die EHEMALIGE LANDESBIBLIOTHEK, jetzt päpstliche Theologische Fakultät. Das Gebäude, eines der späten der Bauperiode des Fuldaer Barocks, wurde 1771–1778 durch Heinrich von Bibra über den Grundmauern der berühmten Fuldaer Klosterschule errichtet. Architekt war Karl Philipp Arnd. Der durch den Einbau einer hölzernen Kassettendecke erheblich beeinträchtigte Bibliothekssaal ist jetzt Vorlesungssaal. Sahen wir in dem Bibliotheksbau, dessen Schmuck das hübsche Portal mit gefälliger Treppe und eine interessante Sonnenuhr ist, ein Bauwerk des ermatteten Spätbarocks, so sehen wir gegenüber in dem BISCHÖFLI-

Das Paulustor

CHEN PRIESTERSEMINAR das früheste Barockbauwerk Fuldas. Es wurde von Fürstabt Joachim von Gravenegg (1644–1671) errichtet. Die Portalinschrift gibt als Baujahr 1668 an. Das überaus umfangreiche Gebäude, das alte Benediktinerkloster, ist von keinem Punkte seiner näheren Umgebung ganz zu übersehen. Drei große Flügel schließen sich an den Dom an und bilden einen stimmungsvollen, von einem Kreuzgang umsäumten Hof. Zwei weitere westliche Seitenflügel (nach der Kronhofstraße) wurden unter Adalbert von Schleiffras angefügt.
Dieser frühbarocke Bau ist ebenfalls in den schlichtesten Formen gehalten. Er trägt nur drei betonte Schmuckstücke: das Portal und die beiden Erker. Zeigen die gefälligen Erker noch die Formen der deutschen Renaissance, so ist das Portal in seinen Formen bereits barock. Die Ornamente lassen es der Zeit des so genannten Knorpelstils zuordnen (in Fulda noch am Portal der Nonnenkirche und an der Pestsäule vorkommend). Die beiden Figuren über den Säulen, St. Bonifatius und St. Benediktus, sind um 1890 angefertigte Kopien der aus 1668 stammenden Originale, die jetzt als Schmuck des Stiftsbrunnens am Borgiasplatz neue Verwendung gefunden haben. Die bewegte Christusfigur über dem Rundgiebel des Portales scheint der späteren hochbarocken Zeit anzugehören.
Im Garten des Seminars eine moderne RUNDKIRCHE (Dreifaltigkeitskirche; Architekt S. Ruf) in ruhigen Formen.
Den Dom umschreitend, gelangt man in die Domdechaneistraße mit der DOMDECHANEI. Mit zwei Flügeln umsäumt sie den hübschen Platz und stößt mit ihrem schmucken Giebel an den balustradenumsäumten Dechaneigarten. Das ansprechende, mustergültig erhaltene Bauwerk wurde 1702–1704 von dem Stiftsdechanten und Propst Bonifaz von Buseck erbaut, Architekt war der um 1700 in Fulda tätige Franziskanerbaumeister Antonius Peyer, der in hohem Ansehen stand und dem man Dientzenhofers Pläne zum Dombau zur Begutachtung vorlegte. Die schöne Gliederung durch Pilaster toskanischer Ordnung, die hübschen Fensterumrahmungen mit abwechselnder Segmentbogen- und Dreieckverdachung, nicht zuletzt die edlen

Portal des Bischöflichen Priesterseminars

Proportionen und ihre Farbigkeit machen die Domdechanei zu einem besonderen Schmuckstück des Barockviertels.

Zwischen der Kastanienallee südöstlich des Domplatzes und dem Bonifatiusplatz das Freiadlige STIFT WALLENSTEIN, in großem, ummauertem Park gelegen. Das schlichte Palais wurde 1731 von Freiherr Ernst Joh. Philipp von Buseck, Bruder des späteren Fürstbischofs, erbaut. 1802 bis zu seinem Tode 1814 bewohnte es der als Fürst und Abt durch die Säkularisation entthronte letzte Fürstbischof Adalbert von Harstall. 1813 hat hier Blücher gewohnt. Seit 1833 ist das Gebäude das Heim des Freiadligen Stiftes Wallenstein und trägt das Wappen der Stifterin Amalie von Görtz geborene Freiin von Wallenstein. An der Spitze des Stiftes, das für evangelische adlige Damen bestimmt war, stand eine weltliche Äbtissin. Der Eindruck des barocken Adelshofes wird durch Anbauten des 19. Jahrhunderts stark beeinträchtigt.

An der Nordseite des Stiftes die alte fürstliche HAUPTWACHE, die Adalbert II. von Walderdorff (1757–1759) nach Plänen des Hofbaumeisters Gallasini errichtete. Sie diente als Schlosswache und bietet mit ihren Arkadenbögen und der geräumigen Freitreppe einen reizvollen Anblick.

In der Mitte des Bonifatiusplatzes steht das BONIFATIUSDENKMAL, ein Wahrzeichen Fuldas. Es stammt aus der Mitte des 19. Jahrhunderts. Die markige Gestalt des Apostels der Deutschen hebt mit der Rechten das Kreuz hoch empor. In der Linken trägt

Hauptwache

sie das offene Evangelienbuch. Das vier Meter hohe Standbild wurde vom Bildhauer Werner Henschel in Erz gegossen und 1842 errichtet. Szenen aus dem Leben des Heiligen zeigen die Reliefplatten am Sockel: Ankunft in Friesland, Fällung der Donareiche, Gründung des Klosters Fulda und Ermordung des Bonifatius. Der Schöpfer des Denkmals hatte zu diesen Reliefs Entwürfe hinterlassen, welche allerdings erst 1903 ausgeführt und am Sockel angebracht wurden. Im Zweiten Weltkrieg nahm man sie zur Metallgewinnung ab. Die heutigen Reliefs sind eigenständige Nachempfindungen des hiesigen Bildhauers Johannes Kirsch. Sie wurden anlässlich der 150-Jahr-Feier des Denkmals in 1992 geschaffen und durch eine Spendenaktion des Lions-Clubs Fulda finanziert.

Bonifatiusplatz und Schlossplatz sind gegen die „Stadt" abgeschlossen durch die um 1737–1739 nach Plänen von Gallasini errichteten HOFBEAMTENPALAIS des Kammerdirektors Welle, Oberjägermeisters von Hanxleden, Geheimrats Schlereth (heute Haus Kurfürst) und Oberstallmeisters von Buttlar (gegenüber). Die monumentale Wirkung dieser als Gegenstücke mit je zwei Eckpavillons errichteten Gebäude, die den Eingang zur Friedrichstraße glücklich flankieren, wird noch gesteigert durch die balustradenumsäumten Vorgärten und den originellen Delphinbrunnen. Geplant war der Ausbau der gesamten Friedrichstraße in gleicher Art mit dem PALAIS DES KANZLERS als Abschluss.

An der Nordostseite des Schlossplatzes das etwa 1770 errichtete ALTENSTEINSCHE HAUS mit schönen Rokokotüren und Toreinfahrt. Im Innern Rokokostuckaturen in Treppenhäusern und ehemaligen Wohnräumen. Der Festsaal im Obergeschoss ist mit reichen Stuckarbeiten des hiesigen Stuckateurs Johann Michael Hois geschmückt.

DIE NONNENKIRCHE

Geschichtliches

Die Nonnenkirche und das angrenzende Klostergebäude wurden 1626–1631 von dem Fuldaer Fürstabt Johann Bernhard Schenk zu Schweinsberg errichtet. 1626 kamen die ersten Benediktinerinnen nach Fulda und bezogen 1631 ihr jetziges Kloster, welches ihnen während des Dreißigjährigen Krieges aber keine sichere Bleibe bot. Die Einweihung der Kirche erfolgte nach Fertigstellung der Inneneinrichtung erst 1678. In der Kulturkampfzeit stand das Kloster von 1875–1887 verwaist da. 1887 kehrten die Nonnen zurück. 1898 wurde das Kloster durch Papst Leo XIII. zur Abtei erhoben.

Das Äußere

Die Nonnenkirche steht als ein kunsthistorischer Ausdruck des Geistes der Gegenreformation vor uns. Nachdem die Zeit der Gotik längst vorbei war, die Zeit der deutschen Renaissance zu Ende ging, wird der einschiffige Bau mit hohen, dreibahnigen gotischen Fenstern versehen. In den Spitzbögen spätgotisches Maßwerk, über dem Altarraum Netzgewölbe. Die beiden flachen Giebel der einfach rechteckigen Kirche sind in den typischen Formen der deutschen Renaissance ausgeführt. Das Portal, das erst 1677 errichtet wurde, zeigt das Knorpelwerkornament des Frühbarocks und handwerklich gestaltete Figuren: St. Benedikt, St. Scholastika und die Gottesmutter.

Das Innere

der Kirche ist ein saalartiger, in neun Joche unterteilter Raum. Das Deckengewölbe ist von Kreuzrippen überspannt, die jeweils mit einem ornamental gestalteten Schlussstein versehen sind. Im fünften Joch trägt der besonders große Schlussstein das Wappen des Erbauers und als Einfassung desselben einen wuchtigen Knorpelwerkrahmen. Der Altarraum ist stark erhöht und eingezogen. Er hat die gleiche Höhe wie der Nonnenchor gegenüber; zwischen beiden liegt der Kirchenraum für die Besucher. Im Altarraum befindet sich ein Netzrippengewölbe. Das frei hängende Kreuz und die Altartafeln, deren mittlere den Erzengel Michael als Seelenwäger darstellt, sind Arbeiten von M. Lioba Munz, OSB, ebenso wie das Kreuz auf dem rechten kleinen Seitenaltar. Über dem linken Seitenaltar sehr realistisch aufgefasster frühbarocker Kruzifixus. An der südlichen Innenwand sind drei frühbarocke Plastiken angebracht: St. Benedikt, Madonna und St. Scholastika.

Kirche und Kloster der Benediktinerinnen-Abtei St. Maria

DIE STADTPFARRKIRCHE

Geschichtliches

Auch die Stadtpfarrkirche erhebt sich auf einem Boden, der nun fast ein Jahrtausend ein Gotteshaus trägt. Wir hören, dass bei einem Brand des Ortes Fulda 1103 auch die Pfarrkirche verbrannt sei. Sicherlich stand diese Kirche schon, als Fulda 1019 die Marktrechte erhielt. Eine romanische Pfarrkirche erhielt die Stadt Fulda unter Marquard I. (1150–1165). 1447–1466 wurde eine gotische Kirche errichtet, die in ihren Ausmaßen den heutigen Bau noch etwas übertraf. Von dieser Kirche steht noch der Turm. Die heutige Pfarrkirche wurde 1770–1786 unter Heinrich von Bibra durch die Stadt Fulda errichtet. Sie ist der späteste Barockbau Fuldas. Den Plan schuf der aus Eppan stammende Jesuitenbruder Joh. Anderjoch. Die Bauleitung hatte Franz Engelbert Springer.

Das Äußere

Die sonst in einfachen Bauformen ausgeführte dreischiffige Kirche hat eine schöne Fassade durch den reich gegliederten Mittelrisalit zwischen den beiden Türmen sowie durch die vorgebaute balustradenbekrönte Freitreppe. Der Nordturm zeigt auf beiden Seiten noch die alten gotischen Fenster. Im Oberteil des Risalits die Figur des Kirchenpatrons, des hl. Blasius, von Valentin Weber: die späteste Arbeit der Fuldaer barocken Steinplastik.

Das Innere

der Kirche zeigt eine recht würdige Raumwirkung, die jedoch bei einer grundlegenden Renovierung in den Jahren 1887-89 erheblich im Sinne einer so verstandenen Barockisierung verändert wurde. Die ursprünglich nahezu monochrom mit hellem Kalkputz versehenen Pfeiler und Pilaster erhielten eine rötliche bzw. gelbliche Marmorierung, die Kapitelle und Stuck- sowie Gesimskanten eine Vergoldung.

Stadtpfarrkirche

Die Seitenschiffe sind durch Pfeiler vom Mittelschiff getrennt, welches in fünf Joche mit zwei weiteren Jochen im eingezogenen Chorraum gegliedert ist. Die Stadtpfarrkirche wurde zu einer Zeit errichtet, da der Barock in den letzten Zügen lag. So entstand ein „ermatteter Barock". Die Fenster sind nur noch schwach abgerundet, die Arkadenbogen des Mittelschiffes abgeflacht. Die maßvoll angebrachten wirkungsvollen Stuckornamente haben die zarten Dekorationsformen des Rokokos verlassen. Die Altäre lassen schon die Formen des aufkommenden Klassizismus erkennen. Gleiches gilt für die Beichtstühle und die Kanzel.

Den Hochaltar mit großem Kruzifix und die beiden großen Seitenfiguren der Heiligen Blasius und Bonifatius schuf der Fuldaer Hofstuckateur Joh. Michael Hois in Gemeinschaftsarbeit mit Andreas Wittmann.

Im linken Seitenschiff der Aloysiusaltar mit Altarbildern von Joh. Andr. Herrlein. Im Altarauszug das Bild des hl. Stanislaus Kostka. Der um 1760 geschaffene Altar stammt aus der 1785 abgerissenen Jesuitenkirche und ist daher in seinen Formen barocker als die übrige Kirchenausstattung. Ihm gegenüber ist eine sehr bewegte barocke Pieta aufgestellt.

Der Bonifatiusaltar im rechten Seitenschiff, der kleine Josefsaltar an der rechten Chorschräge und der Marienaltar gegenüber tragen Herrleinsche Alterswerke als Altarblätter. Links vor dem Bonifatiusaltar ein spätgotischer Christuskopf, Spolie (vermutlich) eines Ölbergs in der Vorgängerkirche. In einer Nische an der Rückwand des rechten Seitenschiffes eine überlebensgroße Figur des hl. Antonius von Padua.

Die Deckengemälde des Chores, des Hauptschiffes und der Orgelempore sowie die Apostelbilder des Langhauses sind Freskenmalereien, die ebenfalls von Joh. Andreas Herrlein stammen. Dargestellt sind David (Chorraum), die Bergpredigt, die Vertreibung der Händler aus dem Tempel und die hl. Cäcilia (über der Orgel). Der klassizistische Orgelprospekt stammt aus dem Jahre 1837. Die Gemälde des Kreuzweges sind Kopien der von Herrlein gemalten Darstellungen in der Kirche von

Großenlüder. Im Mittelschiff steht vor der Empore ein gotischer Taufstein mit der Jahreszahl 1486.
Unter der Empore befindet sich die Sakramentskapelle mit reich mit Rankenwerk, gedrehten Säulen und Putten verziertem frühbarockem Altar mit dem Wappen des Fürstabtes Placidus von Droste (1678–1700). Der Altar war ursprünglich der Hauptaltar der Nonnenkirche; das Altarbild ist eine neuere Kopie eines Gemäldes von Herrlein. Links und rechts des Altares Schaureliquiare; an der Wand rechts eine silberne Madonna mit goldener Aureole und Weltkugel, links die fünf Wunden Christi.

***

Vor der Kirche der Platz „Unterm-Hl.-Kreuz" mit hübschem Obeliskbrunnen von 1669. Am Südende das ehemalige Palais des Fuldaer Kanzlers. Beachtenswert das spätgotische Fachwerkhaus Mollenhauer (vgl. Abbildung S. 44).

DAS ALTE RATHAUS

Einen gewichtigen Akzent im Stadtbild setzt nach seiner Wiederherstellung in den Jahren 1968–1970 das alte Rathaus. Unter der Leitung von Dipl.-Ing. Ernst Kramer wurde das durch Ein- und Umbauten zum Wohn- und Geschäftshaus veränderte frühere Rathaus der Stadt äußerlich originalgetreu rekonstruiert. Auf Grund von alten Ansichten und Handskizzen konnte die Fassade wieder in den Zustand versetzt werden, wie er Ende des 16. Jahrhunderts bestand.
Das Rathaus besteht aus einem vorgeblendeten Fachwerkbau mit stehender und fallender Mannrune und einem (roten) Massivbau. Die gotischen Fenster im Massivbau sind beim Abbruch der alten Stadtpfarrkirche geborgen und hier verwendet worden. Die Arkadenbögen sind eine Zutat der Wende vom 19. zum 20. Jahrhundert, als das Erdgeschoss für die Aufnahme von Ge-

Das Alte Rathaus

schäftsräumen hergerichtet wurde. Über den Bögen finden sich einige Wappensteine mit Jahreszahlen aus der Entstehungszeit des Baues (ab 1530) sowie von späteren Umbauten; zwischen den Arkaden an der Ost-(Giebel-)Fassade ein hierher verbrachter Stein mit roter Hand, dem Zeichen der Gerichtsbarkeit. Gegenüber der Giebelfassade des alten Rathauses wurde 1968 auf dem Borgiasplatz der Stiftsbrunnen angelegt. Hier wurden die 1668 für das Portal des Benediktinerklosters geschaffenen Plastiken der Heiligen Benediktus und Bonifatius aufgestellt.

DIE SEVERIKIRCHE

Das kleine, am Severiberg stimmungsvoll gelegene Kirchlein ist der einzige Kirchenbau aus gotischer Zeit, der sich in Fulda erhalten hat. Die Severikirche wurde 1438 als Marienkirche gebaut. 1451 übertrug Fürstabt Reinhard von Weilnau das Kirchenpatronat der angesehenen und wohlhabenden Wollweberzunft. Diese feierte in der Kirche auch das Fest ihres Schutzheiligen St. Severus, sodass die Kirche allmählich die Bezeichnung Severikirche erhielt. Nach Reformation und Bauernkrieg lag sie fast ein Jahrhundert verödet da. 1615 wurde wieder Gottesdienst gehalten. 1620–1623 wurde sie vorübergehend Franziskanerkirche, 1626 Kirche der ersten Niederlassung der Benediktinerinnen. In der Barockzeit diente das damals eindeutig als Marienkirche ausgestattete Gotteshaus dem fuldischen Militär als Garnisonskirche. Die gesamte barocke Ausstattung wurde 1882 entfernt. Das einschiffige, bescheidene Langhaus hat je vier Spitzbogenfenster ohne Maßwerk, das Chor zweiteilige Fenster mit spätgotischem Maßwerk und Netzgewölbe mit schön profilierten Rippen. Der mittlere Gewölbeschlussstein mit der Darstellung des Hl. Geistes trägt die Jahreszahl 1438.
Von der Innenausstattung ist eine gotische Madonna (Holzplastik, aus dem Kloster Limburg in der Pfalz stammend) bemerkenswert.
Oberhalb der Kirche liegen das schöne Dannemannsche Fachwerkhaus und das Haus Zum Roten Löwen (1330 erstmalig erwähnt).

DER MUSEUMSBAU

(Vonderau-Museum)

Der große Gebäudekomplex ist der Bau des ehemaligen Päpstlichen Seminars der Jesuiten. Durch eine reiche Stiftung des Papstes Gregor XIII. wurde es 1584 an Stelle des 1273 gegründeten, um 1550 aufgegebenen Barfüßerklosters errichtet. Es stand bald in größter Blüte. Wir hören von Neubauten 1601 und 1679–1682. 1732 fügte unter Adolf von Dalberg der Hofbaumeister Gallasini die verschiedenen Gebäude in ihrer heutigen Gestalt zusammen. Ab 1806 diente der Bau als Kaserne und wurde 1842 mit einem bei den jüngsten Renovierungsarbeiten wieder abgenommenen vierten Geschoss versehen. 1884 erwarb die Stadt den Komplex. Sie bestimmte ihn nach entsprechendem Umbau zum Domizil für städtische Volksschulen.

In den Jahren 1986–1990 wurde das stark heruntergekommene Bauwerk von Grund auf saniert und restauriert. Dabei wurde das äußere Erscheinungsbild wieder dem Zustand angenähert, wie er nach den letzten großen, die verschiedenen Gebäudeteile vereinheitlichenden Baumaßnahmen des Hofbaumeisters Gallasini von 1736 bis etwa 1830 bestanden hat. Außerdem sollten an dem Bauwerk dessen sich über vier Jahrhunderte erstreckende Baugeschichte und die verschiedenen Verwendungszwecke erkennbar bleiben, z. B. in dem militärischen Emblem über dem Portal oder mit den großen Schulklassenfenstern an der östlichen Innenhofseite.

Entgegen der sonstigen Vorliebe des Barocks für Symmetrie in den Bauten ist hier die Nordwestecke der Fassaden architektonisch besonders gut gestaltet; das Hauptportal liegt nicht in der Mitte des Längsbaues. Das hat seinen Grund in der Lage der Bauten, die Gallasini vorfand: Dem Neubau auf dem Gebiet der ehemaligen „Alten Müntz“ (von municipium = Rathaus) nahe gegenüber lag die frühere Barfüßer, damalige Jesuitenkirche (1785 abgerissen). Lediglich die Nordwestecke konnte von einem freien Platz aus, der sich vor der Kirche befand, zur

Blick in die Pfandhausstraße

baulichen Wirkung kommen. Demgemäß ist dieser Teil des Gebäudes in abwechslungsreicher barocker Architektur mit entsprechenden Schmuckelementen (Pilaster, Balustraden, Puttenköpfchen in den Scheitelsteinen der Fenster) in Sandstein gestaltet. In der Eckschräge Figurennische mit der Replik einer Immaculata; das Chronogramm auf dem Sockel ergibt die

Vonderau-Museum:
Ländliche Wohnung und
Drogerie zum Krokodil

Jahreszahl 1729. An der Südecke zum Buttermarkt hin ist eine Ädikula mit frühbarocker Madonna angebracht. Auch auf das Portal, das bereits hinter dem Chor der Kirche lag, ergab sich ein etwas freierer Blick. Über der Toreinfahrt im Innenhof befindet sich eine gute Statue des hl. Franz Xaver von Christian Josef Winterstein (1732).

Das ehemalige Seminargebäude enthält heute die Sammlungen des städtischen Vonderau-Museums. Das erste Obergeschoss ist der Geschichte des Stiftes und der Stadt Fulda gewidmet. Die Exponate reichen von der Vor- und Frühgeschichte über die Darstellung der ca. tausendjährigen geistlichen Herrschaft und der dieser folgenden weltlichen Regimente bis zur jüngeren Vergangenheit im bürgerlichen Leben des 19. Jahrhunderts. Sie setzt sich mit den Themenbereichen Stadtentwicklung und Industrialisierung mit Hinweisen auf Naziherrschaft, Deportation jüdischer Bürger, Befreiung von der Diktatur und deutsche Teilung bis in die jüngste Zeit fort.

Der Naturkunde des osthessischen Raumes ist mit zahlreichen informativen, sehenswerten Dioramen das zweite Obergeschoss in seinem östlichen Teil gewidmet.

Malerei und Skulpturen der Stadt und ihrer Umgebung sind in dessen westlichem Teil ausgestellt.

Das Lapidarium im Erdgeschoss des Südflügels zeigt steinernen Bauschmuck, Flur- und Grabdenkmale. Außerdem ist im Untergeschoss des Ostflügels ein Planetarium untergebracht.

Die beiden im nordwestlichen Eckbau gelegenen und deshalb jeweils zweiflügeligen Räume, das ehemalige Refektorium und Oratorium, sind mit bemerkenswerter barocker Raumzier ausgestattet. Das frühere Refektorium im Erdgeschoss (heute Museumscafé) verfügt über eine reiche, von Andreas Schwarzmann ausgeführte Stuckierung.

Darüber liegt im 1. Obergeschoss das ehemalige Oratorium des Seminars. Auch hier stammt der hervorragend und einfallsreich gestaltete Stuck von Schwarzmann. Emanuel Wohlhaubter schmückte die Deckenwölbung der früheren Hauskapelle mit zahlreichen Gemälden, die Szenen aus dem Leben des hl.

Franz Xaver zum Inhalt haben. Die großflächigen Deckenbilder beziehen sich auf die Missionstätigkeit des Heiligen in Indien bzw. (in der Mitte) auf dessen Aufnahme in den Himmel.
Der klassizistische Kanzelaltar der 1802 gegründeten evangelischen Gemeinde wurde, den Raum beherrschend, in dessen Ecke aufgestellt. Der Altar stand ursprünglich in dem als erste evangelische Kirche dienenden Marienoratorium der Universität. An der Rückwand gegenüber wurde eine kleine Orgel (4 Register) von 1730 aufgestellt. Sie trägt das Wappen des späteren Fürstabtes/-bischofs Amand von Buseck (1737–56).
Der kleinere Altar an der östlichen Wand stammt aus dem Jahr 1781 und befand sich früher im Nikolausspital. Im Altarblatt stellt Johann Andreas Herrlein den hl. Nikolaus dar; darüber im Auszug eine Krankenpflegeszene.
Gegenüber dem Portal des Museumsbaus wurde auf dem Universitätsplatz 1965 ein von Georg Brenninger geschaffener Brunnen (gestiftet von der Karstadt-AG) aufgestellt.

DIE ALTE UNIVERSITÄT

Das Gebäude wurde 1731–1734 von Hofbaumeister Gallasini zunächst als Ersatz für das in schlechtem Zustand befindliche Schulhaus der Jesuiten konzipiert, dann aber als Universität erbaut und eingerichtet.
Der 1726 gewählte Fürstabt Adolf v. Dalberg – ein Mann mit Weitblick und Tatkraft – hatte schon bei seinem Regierungsantritt die Absicht, seinem Land eine Universität zu errichten, konnte diesen Plan jedoch nicht gleich umsetzen. Nach Erlangung des dazu notwendigen päpstlichen (1732) und kaiserlichen Privilegs (1733) wurde im September 1734 die Universität feierlich eröffnet. Sie nahm damals ihren Lehrbetrieb mit 272 Studenten, von denen 45 % von außerhalb des „fuldischen Vaterlandes“ stammten, in den klassischen vier Fakultäten Theologie, Philosophie, Jura und Medizin auf.

Stadtpfarrkirche
und altes Rathaus

Die nach ihrem Stifter Adolphiana genannte Hochschule bestand bis zu ihrer Suspendierung durch den nach der Säkularisation neuen Landesherrn Wilhelm Friedrich v. Oranien-Nassau im Jahre 1805. Bereits ab 1802 wurde die Universitätskirche die „Evangelische Kirche zu St. Marien" der durch landesherrliche Verfügung des Oraniers entstandenen evangelischen Gemeinde. Diese Funktion behielt sie bis 1902. Das Universitätsgebäude beherbergte ab 1805 ein Lyzeum für Verwaltungsbeamte. Als solches überstand es auch den mehrfachen teils raschen Wechsel der Landesherrschaft in den folgenden Jahren und wurde 1835 in ein kurfürstlich-hessisches, später (1866) in ein königlich-preußisches, dann 1918 in ein staatliches Gymnasium umgewandelt, welches ab 1945 Domgymnasium hieß und 1948 den Namen Rabanus-Maurus-Schule erhielt. Diese bezog 1968 ein neues Domizil. Seither befindet sich in dem Bauwerk die Adolf-von-Dalberg-(Grund-)Schule und die städtische Volkshochschule.

Alte Universität

Das Äußere

Der Bau besteht aus drei Flügeln, die einen offenen Vorhof umschließen. Im Giebelfeld des Mittelbaus ist das große, von zwei Löwen gehaltene Wappen des Erbauers angebracht. Das schlicht gestaltete Portal mit einer guten Barockplastik der hl. Maria führt in die ehemalige Universitätskirche.

Das Innere

Der heute Marienoratorium genannte Raum ist ein Saalbau mit fünf Fensterachsen. Zwischen diesen stehen Pfeiler, auf denen ein Tonnengewölbe mit tief eingeschnittenen Stichkappen ruht. Der kunstvolle Stuck an der Decke – ein Bandel- und Akanthuswerk von Andreas Schwarzmann (1734) – stammt ebenso wie die Gemälde aus der Erbauungszeit. Ausnahmen hiervon sind Stuck und Gemälde der beiden Supraporten an der Stirnseite, die stilistisch – beim Stuck ist das deutlich sichtbar – in das Rokoko einzuordnen sind. Sie entstanden 1756. Auf diesen beiden Bildern sind die Hl. Bonifatius (links) und Blasius dargestellt. Sie passen somit nicht in das ikonographische Programm des Kirchenraumes, der in Beschriftung und Gemälden von Emanuel Wohlhaubter (1735) unter dem Generalthema Maria (Gottesmutter) steht. Es ist interessant, wie dieses Thema aufgenommen, behandelt und variiert wird.

Die Inschriften geben den gesamten ersten Abschnitt (von dreien) der Lauretanischen Litanei zur Marienverehrung wieder. Er besteht aus 19 Anrufungen der Mater et Virgo Maria, welche sich hier beginnend über dem ehemaligen (Hoch-)Altar mit der Anrufung „Sancta Dei Genitrix“ über die Rundbogenfenster und Ovale fortsetzt. Rechts enden die Anrufungen mit „Mater admirabilis“.

Die großen Gemälde an der Decke stellen Szenen aus dem Marienleben dar. Beginnend über dem Altar mit der Menschwerdung Jesu. Von dem als Taube dargestellten Hl. Geist geht ein Strahl zum Herzen Mariens. Auf der Kartusche zwischen diesem und dem nächsten Gemälde steht „Propitius ros depluit astris“ (Gnädig fällt der Tau von den Sternen).

Das nächste Bild zeigt Maria als Immaculata, als ohne Erbsünde Empfangene. Zu ihren Füßen eine Weltkugel, um diese ringelt sich ein Drache. Unten rechts eine uns etwas ungewohnte Darstellung des Todes. Dieser ist nicht ein Gerippe oder eine Andeutung eines solchen (auch kein Chronos mit Stundenglas), sondern ein kraftvoller, mächtiger, staunender Engel mit dem Attribut des Todes, der Sense. Im Bild Kartuschen mit Inschrift Pulchritudinem candoris ejus admirabitur oculus. Eccl. C 43 V 18 (Das Auge bewundert die Schönheit ihres Glanzes).
Es folgt die Darstellung Mariä Opferung. Es geht diese auf die Legende zurück, dass Maria im Alter von drei Jahren von ihren Eltern Anna und Joachim in den Tempel von Jerusalem gebracht wurde, wo sie unter den Tempeljungfrauen erzogen werden sollte. Die Allegorie des Herbstes unten links im Bild verweist auf die Lage des Datums des zugehörigen Kirchenfestes am 21.11. und auf die Inschrift auf dem Säulenpostament: Ego quasi vitis fructivicavi Eccl. 24 V 17. In habitatione sancta coram ipso ministravi Eccl. 24 V 10 (Dem Weinstock gleich habe ich Frucht gebracht. In der hl. Wohnung habe ich vor ihm gedient).
Auf der Tempeltreppe eine weitere Beschriftung: FeCIt PInXIt EMan VeL WohLhaVbDer BrInensIs mit Chronogramm 1735.
Das folgende Bild stellt Mariä Verkündigung dar und enthält wieder unter Bezug auf die Datierung des Festes (25.3.) und die Inschrift auf der Kartusche eine Allegorie des Frühlings: Flores apparuerunt in terra nostra vox turturis audita est Cant. C 2 V 12 (Die Blumen erscheinen auf unserer Flur, der Taube Stimme hört man in unserem Land). Zur Illustrierung dessen auch die beiden Tauben auf den Stufen.
Das nächste Bild zeigt Mariä Heimsuchung. Maria besucht ihre Base Elisabeth und Zacharias. Die Kirche feiert dieses Fest am 2.7., somit enthält es eine Allegorie des Sommers und der Tafelinschrift: Venter tuus sicut acervus tritici vallatus lilyis Cant. C 7 V 3 (Dein Leib gleicht der Weizengarbe, umgeben von Lilien). Letztere sind hier als Huldigung an den Erbauer und Fürsten in der Form von dessen Wappenlilien ausgebildet.

Über der Orgel schließlich ein Brustbild der Madonna. Dabei eine Kartusche mit der Beschriftung In tenebris numquam (Niemals in Finsternis).

Dieses letzte und das erste Bild des Zyklus weisen in einem Bogen Tierkreiszeichen auf. Dieses Motiv kehrt als Cantus firmus „Maria Königin des Himmels“ in den Gemälden der 10 Stichkappen wieder. Sie sind der Marienverehrung und -verherrlichung gewidmet.

Es beginnt links vorne mit einer Anbetung der Hirten (Natus ad aras; Geboren zu den Altären, d. h. zum Opfer), Maria mit Mond am Himmel und Sonne auf ihrem Gewand (Cum lumine cresco; Ich wachse mit dem Licht).

Maria mit Kind und Hirte mit Schaf. Im Tierkreisbogen weibliche Figur mit Einhorn (Sinnbild der Reinheit, Jungfräulichkeit) Virginis in gremio manuescit; Milde wird es im Schoß der Jungfrau).

Menschen aller Lebensalter – einer davon mit Totenkopf – wenden sich an Maria. IHS-Monogramm auf dem Bogen (Sola veneri nescia; Sie allein kennt nicht das Gift [der Sünde]).

Maria als Mittlerin der Gnaden. Christus mit Kreuz; aus seiner Seitenwunde strömt Blut in eine von Maria gehaltene Schale und wird, diese überströmend, von Engeln aufgefangen (Redundat in Omnes; Sie überströmt alles).

Maria auf einem Pfad, der sich steil einen Berg hinaufzieht. Am Himmel Gottesauge. Im Bogen ein Steinbock, der einen Felsen erklimmt. Allegorie des Spruches: Sublime semper – Immer in die Höhe.

Maria mit entflammtem Herzen. Am Himmel Dreieck mit dem Namen Jahwe; eine Hand spannt einen Bogen mit Pfeil (Collineat in unum – Sie zielt nur auf einen).

Maria Königin der Jungfrauen, deren sechs zu ihren Füßen. Darunter Katharina (Rad), Margarethe (Drachen), Barbara (Turm).

Über dem Bogen eine Waage. Die Schale mit dem Marienmonogramm neigt sich (Meritis praeponderat orbem – Durch ihre Verdienste übertrifft sie den Erdkreis).

Maria als Fürsprecherin. Über ihr auf Regenbogen Christus mit Kreuz (Mitescit ad umbram; Sie wird, sich erbarmend, zum

Schutz). Darstellung Jesu im Tempel (Commendat gratia duplex; Die Gnade empfiehlt ihn doppelt).

Die Bilder an den Pfeilern sind Kopien (verschiedener Maler) der nunmehr in der Kirche von Kämmerzell hängenden Originale. Dargestellt sind heilige und fürstliche Marienverehrer. Von vorne links:

Der hl. Benedikt von Nursia († 529) kniet in der Höhle von Subiaco vor einem Marienbild. Der Mönch Romanus lässt in einem Korb Brot herab, wonach der Teufel einen Stein wirft.

Gregor der Große († 604) in einem Bittgang mit Diakonen, die ein Marienbild tragen, und Pestkranken. Gregor hält ein Buch mit dem Schlussvers des ihm zugeschriebenen „Regina coeli" Ora pro nobis Deum (Bitt Gott für uns).

Johannes von Damaskus († 749) kämpfte gegen die im 8. Jahrhundert im Osten wütenden Bilderstürmer. Er sitzt im Sessel und schaut eine Marienvision. Ein Engel heilt die abgeschlagene Hand, die im Hintergrund an einem Galgen hängt. Auf dem aufgeschlagenen Buch steht: Domina mater quae Deum genuisti succure et manum sanapotes enim quidquid jubes Dei mater cum sis; Herrin und Mutter, die du Gott geboren hast, eile herzu und heile die Hand. Du kannst ja alles, was du befiehlst, da du Gottes Mutter bist.

Hl. Bernhard v. Clairvaux kniet vor einem Marienaltar. Auf einem Lichtstrahl erscheint der Gruß Salve Bernarde; er antwortet: Ave Maria Dei.

Das Haus von Loreto. Das Haus der Hl. Familie wird einer Legende zufolge 1295 von Nazareth nach Loreto übertragen; bestaunt von fünf Pilgern, deren einem ein böser Geist entflieht. In Loreto (lat. Lauretanum) ist die lauretanische Litanei zur Marienverehrung entstanden.

Der hl. Karl Borromäus Erzbischof und Kardinal von Mailand bittet vor einer Erscheinung der Gottesmutter um Rettung seiner Stadt aus einer Pestepidemie.

Kaiser Leopold I. († 1705) fleht zusammen mit seinem Sohn Joseph und einem Diener zur Muttergottes um Hilfe in den Türkenkriegen. Im Hintergrund eine Schlacht; die Adler auf dem

Marienbild und auf dem Helm verweisen auf das Haus Habsburg.
Kurfürst Maximilian I. von Bayern († 1651) weiht der Gottesmutter von Altötting sich und sein Heer, dessen Feldlager im Hintergrund abgebildet ist.
Die über den Pfeilern angebrachten ovalen Bilder zeigen heilige Marienverehrer der Benediktiner und der Jesuiten.
Die schon erwähnten Supraporten Bonifatius und Blasius darstellend sind von Wohlhaubters Schwiegersohn und Nachfolger als Hofmaler, Johann Andreas Herrlein, 1756 gemalt worden.
Ein weiteres Ausstattungsdetail ist die Orgel. Sie entstand 1734 (?) aus der Hand von Bartholomäus Brünner aus Würzburg. Der Prospekt ist original und mit Akanthusschnitzerei geschmückt. Er hat 9 Felder: Mittelrundturm, daneben je 1 Flachfeld, dann je 1 Spitzturm und 2 Flachfelder. Die 1826 erweiterte Orgel verfügt über 16 Register.

DIE HEILIG-GEIST-KIRCHE

Die Kirche wurde zugleich mit dem anschließenden 1290 erstmals erwähnten Hospital 1732 durch Adolf von Dalberg errichtet. Architekt war wiederum Gallasini. Die im Straßenzug liegende Kirchenfront ist recht glücklich zu dem kleinen Platz „Am Simpliziusbrunnen" orientiert und passt sich dem strengen Stil der älteren Fuldaer Barockbauten gut an. Pilaster mit ionischen Kapitellen gliedern die Fassade dreifach. In der Mitte das Portal mit dem Dalbergwappen und ovalem Fenster darüber. Rechts und links große Fenster mit Segmentgiebeln und auf diesen Engelköpfe. Über den beiden äußeren Zonen Dreiecksgiebel, während ein geschweifter Giebel die Fassade insgesamt überfängt. In dessen Mitte eine Darstellung des Hl. Geistes in Strahlenkranz. Auf den seitlichen Voluten kleine Obelisken.

Das Kircheninnere bietet das übliche Bild bescheidener Barockkirchen. Es ist ein Saalbau mit fünf Jochen und zwei Chorjochen, die jeweils durch Pilaster mit ionischen, mit Blütengehängen geschmückten Kapitellen gegliedert sind. Ungewöhnlich ist der gradlinige Abschluss der Ostwand mit tief in die Kirche eingezogener Sakristei in voller Breite, aber nicht voller Höhe des Kirchenschiffes. Dadurch ergeben sich zu beiden Seiten des Hochaltars Emporen. Der Altar ist eine ausgezeichnete Arbeit in Stuckmarmor des Fuldaer Marmorierers Johann Clahs. Das Hochaltarbild, die Herabkunft des Heiligen Geistes, eine gute Arbeit Emanuel Wohlhaubters. Plastisch gestalteter Altarauszug mit Darstellung des Hl. Geistes. Vor dem Chorbogen zwei originale Altäre mit barock nachempfundenen Plastiken (Madonna und hl. Joseph). In den plastischen Altarauszügen Darstellungen Gott Vaters (rechts) und Christi.

In der kleinen Kapelle links des Eingangs großes Kruzifix (von Benita Schnell-Stevenson) und eine barock nachempfundene Pieta.

Heilig-Geist-Kirche

DIE CHRISTUSKIRCHE

In dem erst seit den 70er Jahren des 19. Jahrhunderts bebauten Areal zwischen Rabanusstraße und Bahnhof liegt an der Ecke Lindenstraße/Heinrich-von-Bibra-Platz die 1894–1896 von den Architekten Hoffmann und Zölftel im neugotischen Stil errichtete Christuskirche. Sie löste als neue und eigenständige Pfarrkirche die ehemalige Universitätskirche ab, in der vorher der Gottesdienst der evangelischen Gemeinde gefeiert wurde. Die Kirche ist auf kreuzförmigem Grundriss erbaut mit Turmfassade und Portal im Westen. Die Wirkung des schlichten Kircheninnern ist stark von den Architekturelementen der Spitzbögen und Gewölberippen geprägt. Der Altarraum mit 3/8-Schluss ist eingezogen und gegenüber dem Kirchenschiff erhöht.
Die Orgel stammt aus dem Jahre 1967. An der Emporenbrüstung Posaunenengel und zwei Reliefdarstellungen: Davids Klage um Jonathan (links) und Christus erweckt den Jüngling von Naim.

Wer offenen Blickes die Altstadt durchwandert, wird noch vieles finden, was historische Erinnerungen weckt oder das

Blick in die Kanalstraße mit „Hexenturm"

Christuskirche

Kunst liebende Auge erfreut, Türme und Mauerreste der alten Stadtmauer, wie das am Omnibusbahnhof erhalten gebliebene Heertor aus dem 12. Jahrhundert (vgl. Abbildung S. 43), Bürgerhäuser in Fachwerk, z. B. gegenüber vom Hexenturm das schöne Fachwerkhaus Kanalstraße 1, Geburtshaus des Nobelpreisträgers Prof. Dr. Ferdinand Braun, und vor allem Barockhäuser, Hausmadonnen und Bildstöcke. Man wird feststellen, dass Fulda eine Stadt der Brunnen, der alten – der Bevölkerung seit langem vertrauten, wie dem Harstallbrunnen am Gemüsemarkt – und der neuen, wie dem an der Stelle des ehemaligen „Milchborns“ errichteten Brunnen (von Heinrich Söller) in der Marktstraße. Es würde den Rahmen eines Führers sprengen, hierauf im Einzelnen einzugehen.

DER FRAUENBERG

Der Frauenberg ist der dem ehemaligen Stiftsbereich nächstgelegene der vier Fuldaer Klosterberge. Von Anlagen und Gärten umsäumt, auf dem höchsten Punkt des Berges, liegt das Franziskanerkloster mit Kirche. Von dort bietet sich den Besuchern eine Aussicht auf Stadt und Land, besonders auf die markante Bergkette der Rhön, wie sie von keinem anderen Punkt des inneren Stadtgebietes möglich ist. Nicht Kunstwerke von der Bedeutung der Hauptbauten des Barockviertels harren hier des Besuchers. Das Kloster ist in franziskanischer Einfachheit gehalten. Doch allein schon seine Lage gibt ihm einen großen malerischen Reiz. Natur, Architektur und Kleinkunst sind hier eine enge Verbindung eingegangen.

Gleich hinter dem Paulustor beginnt der Frauenberg. Ein frühbarocker Bildstock (1678) am Eichsfeld in fränkisch-fröhlicher Form und der durch Straßenbaumaßnahmen stark verkleinerte alte dompfarrliche Friedhof geben den Auftakt. In einer dreifachen Ahornallee führt der Weg den Berg hinauf. An seinem oberen Ende steht die schöne

Altarraum der Klosterkirche Frauenberg

Pestsäule

Auf großem Sockel erhebt sich die hohe korinthische Säule, die das vergoldete Bild der Himmelskönigin trägt (vgl. Abbildung S. 34). 1651 wurde die Mariensäule durch Fürstabt Joachim v. Gravenegg errichtet. Sie sollte ein Friedensdenkmal zur Erinnerung an den Abschluss des Dreißigjährigen Krieges sein (1648). Das Jahr ihrer Errichtung war gleichzeitig das 300-jährige Erinnerungsjahr an die furchtbare Pest in Fulda. In diesem Jahr zogen die Pestwallfahrer zum dreihundertsten Male auf den Berg der Lieben Frau.

Die wertvolle Marienstatue ist eines der in Fulda so seltenen Barockbildwerke aus der Mitte des siebzehnten Jahrhunderts. Auf der Mondsichel schwebend, das Jesuskind im Arm, das Zepter in der Rechten, das Haupt gekrönt, ist Maria als Himmelskönigin dargestellt.

Der symbolische bildhauerische Schmuck der Pestsäule zeigt die Formen des für die Zeit typischen Knorpelwerkes.
Nun führt der Weg zwischen Mauern und alten Bäumen auf Treppenstufen zur Klosterkirche hinauf. Denkmale frommen Wallfahrersinnes begleiten ihn. Sei es ein Kruzifix am Baumstamm, eine barocke Madonna mit Strahlenkranz (von 1730) auf der Klostermauer, seien es alte, verwitterte Kreuzwegstationen oder die Bronzetafeln der sieben Freuden Mariä in Mauernischen. Kurz vor der Bergspitze steht das so genannte „Arme-Seelen-Häuschen" an dem Platz vor der Klosterkirche und Klosterpforte.

Geschichtliches

Der Frauenberg ist als christliche Kultstätte an Alter dem Kloster Fulda fast ebenbürtig. Schon Bonifatius hat sich in den Jahren 744–754 wiederholt hier aufgehalten. Deshalb hieß der Berg zunächst Bischofsberg. Bereits Abt Ratgar, der Erbauer der großen Fuldaer Basilika, baute hier eine Marienkirche mit Kloster. 817 wurde das Kloster weltlichen Chorherren übergeben. Diese versahen die Seelsorge für die angesiedelten Laien. Unter Abt Egbert (1048–1058) wurde das Kloster erneut mit Benediktinern besetzt. Unter Marquard (1150) war es bereits fuldische Propstei. Seit dem 13. Jahrhundert hieß das Kloster allgemein Frauenberg, d. i. „Berg Unserer Lieben Frau".
Im Bauernkrieg 1525 wurde das Kloster zerstört. Ende des 16. Jahrhunderts begann die Wiederherstellung. 1623 übergab Fürstabt Johann Bernhard Schenk zu Schweinsberg das Kloster den Franziskanern. 1757 brannte die Kirche bis auf die Grundmauern nieder, auch die Klostergebäude wurden erheblich in Mitleidenschaft gezogen. 1758–1762 erfolgte der Bau der heute stehenden Kirche, 1762–1765 der Bau des Klosters. Von 1875–1884, in der Zeit des Kulturkampfes, war das Kloster wieder verödet. Seitdem entwickelte sich das klösterliche Leben in stetem Aufstieg, bis im Jahr 1940 die nationalsozialistischen Machthaber das Kloster erneut auflösten und die Patres vertrieben. Das Kloster wurde zu einer SS-Polizeischule profa-

niert, die allerdings bald einem Lazarett weichen musste. Seit 1945 ist das Kloster dem Orden zurückgegeben.

Die Klosterkirche

wurde erbaut unter Leitung des Franziskanerbruders Kornelius Schmitt. Die einfache Fassade mit dem Dachreiter ist mit drei Sandsteinstatuen geschmückt. In dem unteren Nischenpaar St. Bonifatius (links) und Rabanus Maurus, in der Giebelnische die Immaculata. Das Mauerwerk vor der Klosterkirche trägt die Statuen des hl. Franziskus (links) und des hl. Antonius v. Padua in bewegten Rokokoformen.

Durch den massiven Windfang unter der Orgelbühne eintretend, werden wir überrascht durch das Bild der reichen Innenausstattung. Der einfache Saalbau ist in acht Joche unterteilt; die Wandflächen sind durch stark betonte Pilaster und die dazwischen liegenden großen Fenster gegliedert. Die tonnengewölbte Decke erhält ihr Gepräge durch die auf Voluten ruhenden Gurtbögen und die tief einschneidenden Stichkappen.

Die auf den Seiten paarweise einander gegenüber angebrachten Statuen sowie die gleiche Anordnung der Altäre führen den Blick zum Hochaltar hin. In allen Ausstattungsstücken und dem reichen figürlichen Schmuck herrschen die Formen des Rokoko.

Blickfang des Hochaltars ist das Gnadenbild der Madonna, das über dem Tabernakel in einer reich ausgestatteten baldachinartigen Nische steht. Statuen von St. Benedikt und St. Bonifatius stehen zur Rechten und zur Linken von Tabernakel und Gnadenbild. Eine von Engeln und Putten umrahmte Dreifaltigkeitsglorie schließt den Altar nach oben ab. Darüber das Wappen des Stifters, des Fürstbischofs Heinrich von Bibra. Die Engelfiguren außen stellen den Erzengel Michael (links) und den Schutzengel dar. Der aus Holz gefertigte marmorierte und vergoldete Hochaltar ist eine Arbeit des Franziskaners Hyazinth Wiegand.

In den Fensternischen zu Seiten des Hochaltars die Altäre der Heiligen Elisabeth (rechts) und Thekla. An den folgenden Pi-

lastern einander gegenüber Statuen der Heiligen Bonaventura (links) und Ludwig von Toulouse.
Dann auf der rechten Seite des Chorraumes der Franziskusaltar; das Altarblatt zeigt die Gewinnung des Portiunculaablasses, das Bild im Altarauszug die Stigmatisation des Heiligen. Johannes von Kapistrano (rechts) und Berhard von Siena als Assistenzfiguren. Das Altarbild des gegenüber stehenden Antoniusaltars zeigt den Heiligen als Fürsprecher für eine Gruppe Hilfe suchender Menschen; darüber eine Darstellung des Jesuskindes. Assistenzfiguren: Petrus Regalado (rechts) und Petrus von Alcantara. In den dem Altar zugewandten Nischen die Heiligen Franziskus (rechts, neben dem ihm gewidmeten Altar) und gegenüber Antonius. Im Hauptschiff die Altäre der Heiligen Joseph (rechts) und Joachim und Anna, außerdem Plastiken von Märtyrern des Franziskanerordens.
Die Seitenaltäre der Kirche sind ausgezeichnete Arbeiten in Stuckmarmor, ebenso die Kanzel. Eine gute Kenntnis der Stuckmarmorkunst war durch den Architekten Kornelius Schmitt nach Fulda gekommen. Die Ausführung erfolgte durch Klosterbrüder.
Besondere Bewunderung muss es erregen, dass es dem Orden möglich war, auch den Bildhauer für den reichen plastischen Schmuck zu stellen. Alle Bildhauerarbeiten stammen von dem Franziskanerbruder Melchior Egenolf.
Bemerkenswert ist die reiche Ansammlung von Gemälden des Fuldaer Hofmalers Johann Andreas Herrlein. Sämtliche Nebenaltäre tragen Altarblätter seiner Hand. Von ihm stammen auch die kleinen Bilder über den Beichtstühlen (mit Ausnahme des Bildes über dem mittleren Beichtstuhl der linken Seite) und die vier großen Bilder an der rechten Seitenwand. Dargestellt sind die heiligen Ordensfrauen Katharina von Bologna (mit Jesuskind), Klara (mit dem Allerheiligsten die Sarazenen von ihrem Kloster vertreibend), Margareta von Cortona (der Christus von Engeln umgeben erscheint) und Theresia von Avila (mit ihrer Vision eines Engels, der mit glühendem Pfeil auf ihr Herz zielt). Im Gegensatz zu den Franziskanerkünstlern hat Herrlein nicht

dem Rokoko gehuldigt, sondern im Anschluss an die niederländische und spanische Malerei eine ruhigere und realistischere Note in die Malerei des Fuldaer Spätbarocks gebracht. Hier zeigt sich Herrlein als bedeutendster Tafelbildmaler des Fuldaer Barocks.

Kreuzweg

Vom Frauenberg zieht sich der alte Kreuzweg mit den Stationshäuschen durch die städtischen Anlagen bis zur Kuppe des KALVARIENBERGES. Dort steht auf malerischem Platz mit Steinbänken als zwölfte Station die Kreuzigungsgruppe. Die durch drei Treppenaufgänge zugängliche Empore ist mit Balustern geschmückt, auf der Engelsfiguren die Leidenswerkzeuge tragen. Alle Figuren zeigen eine leidenschaftliche barocke Bewegtheit, wie sie in Fulda sonst unbekannt ist. Die Anlage des Kreuzweges erfolgte 1737 durch den Guardian P. Angelinus Brinkmann, die Ausführung der Kreuzigungsgruppe durch den Franziskanerbildhauer Wenzeslaus Marx aus Leitmeritz in Böhmen.

An den Rückwänden der Stationshäuschen befinden sich bildliche Schilderungen des Kreuzweges, die bei der Instandsetzung der Häuschen erneuert und ergänzt wurden. Die ursprünglich dort aufgestellten, ebenfalls von Wenzeslaus Marx geschaffenen, bewegten plastischen Stationsgruppen wurden in neu errichteten Stationshäuschen an der Nordseite der Klosterkirche untergebracht (Zugang durch die Pforte links des Kircheneinganges).

Die städtischen Anlagen auf dem Frauenberg und Kalvarienberg bieten Gelegenheit zu hübschen kleinen Spaziergängen. Bei dem kleinen Weiher steht ein 1976 zur Erinnerung an den 750. Todestag des hl. Franziskus aufgestelltes Denkmal (von Agnes Mann).

NEUENBERG

KIRCHE ST. ANDREAS

Die ehemalige Kloster- und spätere Propsteikirche, heutige Pfarrkirche St. Andreas, gehört ebenso wie der Stadtteil Neuenberg seit 1939 zu Fulda. Neuenberg liegt westlich der alten Kernstadt am anderen Ufer der Fulda.
Der Weg führt vom Domplatz durch das Schultor hinter dem Michaelsberg durch den Stadtteil Hinterburg über die Lange Brücke. Nach der Brücke links ab.

Geschichtliches

Neuenberg (früher Andreasberg genannt) hat eine reiche geschichtliche Vergangenheit. Die Gründung des Klosters steht im Zusammenhang mit einem wichtigen Ereignis der Fuldaer Geschichte. Heinrich II. hatte 1018 den gelehrten, frommen Abt Richard von Amorbach nach Fulda berufen. Seine Aufgabe war die Durchführung der Ordensreform von Gorze. 1019 kam Heinrich II. gemeinsam mit Papst Benedikt VIII. nach Fulda.
Bei dieser Gelegenheit wurde der Bau des Andreasklosters Neuenberg als Musterkloster der Reform beschlossen. 1025 erhielt das Kloster den Besuch Kaiser Konrads II. Zum ersten Abt war der hl. Bardo bestimmt worden, vorher Stiftsdekan von Fulda und später Abt von Werden/Ruhr und Hersfeld und Erzbischof von Mainz.
Im Jahr 1440 wurde das Kloster durch Feuer zerstört, aber wiederaufgebaut. Im Bauernkrieg 1525 wurde es geplündert und verwüstet und erst 1631 wieder besetzt. Es war nunmehr fuldische Propstei. Der jeweilige Propst war Stiftsdechant bzw. Domdechant des Fuldaer adligen Kapitels. 1802 wurde die Propstei säkularisiert. Ein Teil der Liegenschaften wurde in diesem Jahrhundert vom Bischöflichen Stuhl in Fulda zurückerworben. Seit 1962 ist Neuenberg eigenständige Pfarrei.

St. Andreas-Kirche

Baugeschichte

Die in den Jahren 1020–1023 von Abt Richard errichtete Kirche lehnte sich auf das Engste an den Bau der Fuldaer Ratgarbasilika an. Daher auch die Grundrissform des großen lateinischen T. Von diesem Bau stehen Querschiff, Apsis und die darunter befindliche Krypta heute noch ziemlich unverändert. Das Langhaus der Kirche besteht mit Ausnahme des ersten Joches aus dem Mauerwerk der Erbauungszeit.

In romanischer Zeit wurde der dreigeschossige Westturm der Kirche vorgesetzt. Mit seinen dreiteiligen Schallarkaden gehört er in die Reihe der um 1150–1250 entstandenen zahlreichen romanischen Kirchtürme um Fulda.
Nach dem Brand von 1440 wurde das Turmuntergeschoss mit gotischem Portal und gotischer Vorhalle ausgebaut und 1480

im ersten Turmgeschoss eine Johanneskapelle eingebaut, die durch eine schmale Wendeltreppe vom Innern der Kirche zu erreichen ist. Reste des gotischen Klosterkreuzganges haben sich an der Nordseite der Kirche erhalten.
An eine Restaurierung in der Mitte des 17. Jahrhunderts erinnern eine Reliefdarstellung des hl. Andreas über dem Turmportal und eine Wappentafel mit dem Wappen des Propstes Benedikt von Rindtorff mit Jahresangabe 1647 an der Südseite des Langhauses.
1766 ließ Propst Karl von Fechenbach das Innere des Hauptschiffes barockisieren. Der Turm erhielt eine barocke Haube. 1954 erfolgte eine Renovierung, die die frühbarocke Innenausstattung weitgehend entfernte. 1976 erhielt die Kirche einen neuen Außenputz. Bei einer neuerlichen Restaurierung des Innenraumes wurde in den Jahren 1984/1985 der barocke Zustand der Kirche wiederhergestellt. Bei diesen Arbeiten entdeckte man Reste romanischer Chorschranken mit Gemäldefragmenten aus jener Zeit. Außerdem stieß man auf das Grab des Gründerabtes Richard, renovierte die ebenfalls wieder aufgefundene barocke Treppenanlage vor der Apsis und legte den rundbogigen Durchblick zur Krypta wieder frei.

Das Innere

der Kirche betritt man durch das Turmportal und -untergeschoss (Vorhalle). Das Langhaus ist gegliedert in fünf Joche, unterteilt von Pilastern mit glattem Schaft. Die Decke hat ein Tonnengewölbe aus Holz, in das die Stichkappen der Fenster hineinschneiden. Der Deckenschmuck besteht aus ruhigen Stuckleisten, die blau und gelb getönte Farbfelder einfassen.
Das Querschiff durchschneidet das Langhaus in voller Höhe. Aus der Vierung führt eine rekonstruierte barocke Treppenanlage zum Altarraum in der Apsis. Die Treppe ist in der Mitte von einem rundbogigen Durchblick zur Krypta unterbrochen. Unmittelbar davor liegt vertieft das wiederaufgefundene Grab des Gründerabtes Richard; die Grabplatte

Fresken in der Krypta der Andreaskirche Neuenberg

trägt die Jahreszahl 1039. Unter dem Altarraum befindet sich mit Abgängen zu beiden Seiten der Treppe die Krypta. Die Kirche ist zurückhaltend ausgestattet. Unter der Orgelempore steht ein ausdrucksstarkes gotisches Vesperbild mit Resten von Fassmalerei. An den Wänden des Langhauses sind Grabplatten unterschiedlicher Entstehungszeit aufgestellt worden. Die schlichte Kanzel ist mit vergoldeten Rocailleschnitzereien geschmückt und trägt das Wappen des Propstes von Fechenbach. Ebenfalls an der rechten Wand hängt ein barockes Bild der schmerzdurchbohrten Maria. Über dem Triumphbogen ist das Fechenbachwappen, über dem Apsisbogen ein Auge Gottes angebracht.
Der Hochaltar weist in Aufbau und Schmuckformen Elemente der Renaissance und des beginnenden Knorpelstils auf. Er trägt die Jahreszahl 1647 und ist eine Stiftung des Propstes Matthias Benedikt von Rindtorff (1640–1667; Wappen in der Mitte des Altarauszugs).

Das Altarblatt zeigt das Martyrium des Apostels Andreas. Es wurde geschaffen von dem Fuldaer Hofmaler Hans Klemp. Links und rechts die als Ritter dargestellten römischen Märtyrer und Brüder Johannes und Paulus. Die kleinen Bilder im Altarauszug zeigen zwei weitere römische Märtyrer, Protus und Hyazinthus. Der Tabernakel ist eine Emailarbeit der Fuldaer Benediktinerin Frau Lioba Munz.

An der nördlichen Stirnwand des Querschiffes hängt ein großes Tafelbild aus der Renaissance „Maria Verkündigung". Darunter befindet sich das Grabmal des Propstes Bonifaz von Buseck († 1707; mehrfaches Chronogramm), daneben Grabmäler der Pröpste Schott von Memmelsdorf († 1592) und von Hochstetten († 1683). An der Querschiffwand links der Apsis schlecht erhaltenes Gemälde einer von Engeln umschwebten Halbfigur, aus deren Mund ein Schwert und ein Palmenstab hervorgehen. An der Stirnwand des südlichen Querschiffes ein Kruzifixgemälde von J. A. Herrlein und eine Plastik des hl. Sebastian. Darunter Grabmal des Propstes von Rosenbusch († 1724), rechts davon das des Propstes Specht von Bubenheim († 1755).

Die Treppen, die zur KRYPTA hinunterführen, lassen durch ein geöffnetes Bogenfeld die Reste romanischer Chorschranken erkennen. Auf diesen haben sich Fragmente von in al-secco-Technik ausgeführten Malereien des 13. Jahrhunderts erhalten. Es sind Gewandsäume und Füße stehender oder sitzender Gestalten und Reste von Vorhangmalerei sichtbar.

Die Krypta ist wegen ihrer Wandmalereien eine Sehenswürdigkeit. An den durch vier Säulen mit attischen Basen und Würfelkapitälen gegliederten rechteckigen Raum schließt sich eine halbrunde Apsis mit drei Fenstern an. Die Formen der Malerei passen sich den Gewölben und Architekturformen hervorragend an, indem sie die Raumgliederung besonders hervorheben. Die um die Mitte des 11. Jahrhunderts geschaffenen Wandmalereien wurden in 15-jähriger Arbeit bis 2006 restauriert.

Im Scheitel der Fensterleibungen ist bzw. war jedesmal Christus dargestellt. Links und rechts als Rundbild, in der Mitte in Man-

dorla. Die Seiten tragen bzw. trugen Darstellungen der alttestamentlichen Vorbilder des Messopfers: links Kain und Abel und das Opfer Abels, in der Mitte das Opfer Abrahams, rechts das Opfer des Melchisedechs. In den Rundbildern des Gewölbes: elf Medaillons mit gekrönten Frauengestalten. An den Seitenwänden und in den Säulenzwickeln insgesamt 22 Engelsgestalten mit verschiedenen Stäben, Kugeln und Scheiben von ungeklärter symbolischer Bedeutung. An der Decke eine von Michael Amberg, Würzburg, 2005 geschaffene Reliquienkrone. An die Nordseite der Kirche angebaut sind der Ost- und Nordflügel des ehemaligen Klostergebäudes, während vom Westflügel, der mit diesen einen Innenhof und Kreuzgang bildete, nur Reste der Grundmauern erhalten sind.
Unweit der Kirche liegt das BONIFATIUSHAUS (Exerzitien- und Tagungsort für kirchliche Veranstaltungen) mit Kapelle, an der Außenwand Bronzeplastik des hl. Bonifatius (von H. Söller, Schweinfurt).

DEUTSCHES FEUERWEHRMUSEUM

Das Deutsche Feuerwehrmuseum wurde ab 1976 im Stadtteil Neuenberg – nahe der Stützpunktfeuerwache – errichtet. Es ist das größte Museum seiner Art in Deutschland und zeigt die Entwicklung des Brandschutzes vom 16. Jahrhundert bis in unsere Zeit. Die Exponate umfassen Großgeräte des 16. bis 19. Jahrhunderts (Halle 1) und des 20. Jahrhunderts (Halle 2) ebenso wie Kleingeräte, Uniformen usw. Sie werden ergänzt durch Spezialsammlungen zu bestimmten Teilaspekten des Brandschutzwesens.

JOHANNESBERG

KIRCHE

Zur Baugeschichte

811 weihte Erzbischof Richulf von Mainz, zu dessen Diözese sie gehörte, eine den Heiligen Johannes der Täufer und Johannes Evangelist gewidmete Kirche, die von dem Fuldaer Abt Ratgar errichtet worden war.

Rabanus Maurus (822–842) vergrößerte die Kirche, fügte ihr ein Kloster an und übertrug 836 die Reliquien der Heiligen Venantius, diese direkt aus Italien, Urbanus und Quirinus, letztere aus dem Kloster Fulda bzw. der Stiftskirche, wohin sie schon einige Zeit vorher verbracht worden waren. Die Reliquien verblieben in der Kirche Johannesberg bis zu ihrem spurlosen Verschwinden im Bauernaufstand 1525. Für den Beginn des 11. Jahrhunderts ist archäologisch eine dreischiffige Basilika mit Stützenwechsel nachgewiesen; auch die beiden karolingischen Vorgängerbauten konnten durch Grabungen im Jahre 1977 eindeutig ausgemacht werden. Die Abmessungen der Kirche des 11. Jahrhunderts übertrafen die des heutigen Baus. Im Zusammenhang mit dieser dreischiffigen Basilika ist auch der heute noch vorhandene Turm zu sehen, dessen Obergeschoss und Portal allerdings im 12. und 13. Jahrhundert verändert wurden. Für das letzte Drittel des 12. Jahrhunderts wird von einer erneuten Weihe der Kirche nach vorausgegangenem Brand berichtet. Ein Relikt aus dieser Zeit ist ferner das jüngst (1990) wieder aufgefundene kleine romanische Portal in der südlichen Außenwand. In seiner Archivolte weist es das gleiche Ornament auf wie das Turmportal. Offenbar diente es der Verbindung eines unmittelbar angegliederten Bauwerks mit der Kirche.

Aus statischen Gründen notwendige bauliche Veränderungen der Kirche führten Mitte des 15. Jahrhunderts zu einer Verlagerung von Altären. Wenig später (um 1500) musste die Kirche einem Neubau weichen, für den man teilweise das vorhande-

Johannesberg,
Kirche und Propsteigebäude

ne Mauerwerk nutzte. Dieser spätgotische Kirchenbau wurde 1686–1691 barock umgestaltet; das Gewölbe wurde verändert, die Fenster nach Wegnahme des Maßwerkes neu gestaltet. Die Kirche erhielt neue Altäre.

Propst Konrad von Mengersen (1715–1753) ließ weitere Veränderungen vornehmen. Die Quirinuskapelle wurde angebaut und 1741 geweiht. 1744 errichtete er die östliche, der Sakristei vorgeblendete Fassade, und schließlich erhielt der Turm 1745 seine barocke Haube.

Das Kircheninnere

Durch das von zierlichen Säulen flankierte, mit Zickzackornament und Rundstab verzierte romanische Portal im ursprünglich von der Kirche des frühen 11. Jahrhunderts stammenden, später mehrfach veränderten Turm betritt man das Innere der Kirche. Das Turmuntergeschoss ist eine einfache, mit Kreuzgewölbe versehene Eingangshalle. Ein auf der Innenseite schön profiliertes, gotisches Portal bildet den Zugang zum Kirchenschiff.

Der einschiffige Kirchenraum ist aufgeteilt in fünf Joche und einen durch Chorbogen abgeteilten Altarraum mit fünfseitigem Schluss. Das hölzerne Kreuzrippengewölbe ruht auf frühbarocken Konsolen mit Blumen- und Fruchtgehängen.

Der Chorbogen ist bemalt und trägt eine Inschrift, die auf den Umbau und die Neuausstattung mit Altären unter Propst Bonifaz von Buseck (1656–1700) hinweist. Darüber das Buseck-sche Wappen und die Jahresangabe 1686.

Die heute noch vorhandenen Altäre stammen aus jener Zeit. Der Altar an der rechten Wand des Chorbogens zeigt im Altarblatt Mariä Verkündigung, darüber eine Madonnenstatue. Das Gemälde des an der linken Bogenwand stehenden Altars stellt eine Kreuzabnahme dar. Darüber eine Ecce-homo-Plastik. Auf beiden Altären stehen klassizistische Reliquiare.

Aus der Zeit der Neuausstattung (1686) stammt auch die Kanzel mit gedrehten Säulen und Engelsköpfen. Unter der Kanzel eine schön geschnitzte, gleichaltrige Tür.

Der Hauptaltar zeichnet sich durch einen besonders wirkungsvollen Aufbau aus, der auch die beiden Eingänge zu der dahinter gelegenen Sakristei umfasst. Das Gebälk wird von gedrehten Säulen mit korinthischen Kapitellen getragen. Das hervorragende frühbarocke Altarblatt zeigt die Enthauptung Johannes des Täufers, das Bild im Altarauszug die Taufe Christi. Darüber das Wappen des letzten Propstes von Johannesberg, Ludwig von Schönau (1795–1802), der den Altarauszug verändern und die flankierenden klassizistischen Vasen hinzufügen ließ; auch der Tabernakel ist eine spätere Zutat. Über den Durchgängen links St. Bonifatius, rechts St. Blasius. Der Hauptaltar und die beiden Seitenaltäre sind Arbeiten des Johann Valentin Neudecker. An der linken Wand des Chores ein bemerkenswertes Epitaph für den Propst Friedrich von Buttlar (1707–1715) und zwei weitere Angehörige der Familie von Buttlar, das der Bildhauer Mockstatt im Auftrag des Fürstabtes Konstantin von Buttlar (1714–1726)

Johannesberg, Altarraum

herstellte. Den Sockel des in der Mitte errichteten neuen Altars bildet eine bei den Grabungen 1977 aufgefundene Pfeilerbasis aus der Anfang des 11. Jahrhunderts erbauten Basilika. Zwei weitere Fundstücke von diesem Bau wurden in dem an der linken Chorbogenrückwand stehenden Kredenztisch verarbeitet: Die Tischplatte besteht ebenfalls aus einer (umgedrehten) Basis, darunter der mit einem Kreuz geschmückte und mit den Buchstaben D und B gezeichnete Grundstein dieses Vorgängerbaues. Die Brüstung der Orgelempore ist durch Voluten und Blumen- und Fruchtgehänge in Felder unterteilt. In diesen Darstellungen Christi und der zwölf Apostel.
Die Quirinuskapelle an der Südseite der Kirche wurde unter Konrad von Mengersen angebaut und 1741 geweiht. Das große Altarbild stellt das Martyrium des heiligen Quirinus, Bischof von Sissek († 308), dar. In den Zwickeln Gemälde der Heiligen Rabanus Maurus, Papst Zacharias und Bonifatius. Die runden Nischen der Eckschrägen enthalten ungewöhnliche Büsten der Evangelisten. Schöner frühbarocker Beichtstuhl. In der Kapellenmitte steht ein barocker Taufstein mit Buttlarwappen.
Unter der Empore links Holzmodell eines Epitaphs für den Propst Konrad von Mengersen (1715–1753), dessen Bauleidenschaft das Erscheinungsbild der gesamten Propsteigebäude im barocken Sinn veränderte.

PROPSTEIGEBÄUDE

Die unmittelbar an die Kirche anschließenden Gebäude befanden sich jahrzehntelang in einem beklagenswerten Zustand. Die ehedem weitläufige und harmonische Gartenanlage mit ihren Terrassen, Treppen, Balustraden und figürlichem Schmuck ist nur noch zu ahnen, sie war dem Verfall anheim gegeben.
Der aus früherer Zeit überkommene Baubestand ist an einigen Architekturdetails noch ablesbar; so an den vermauerten rundbogigen Kreuzgangfenstern mit Fragmenten von gotischem Maßwerk, an Fensterformen der Renaissance und an einer gotischen Wendeltreppe im Innern des Kreuzbaus. Die großzügige barocke Umgestaltung der vorhandenen Propsteianlagen

nahm Propst Konrad von Mengersen ab 1726 vor. Der rote Bau trägt über dem Portal unter dem Wappen des Erbauers eine Bauinschrift, deren Chronogramm die Jahreszahl 1727 ergibt. Er wurde von 1726–1733 von Gallasini aus rotem Sandstein in ausgewogener architektonischer Gliederung errichtet. Das Gebäude beherbergt im 1. Obergeschoss die mit Stuckarbeiten und teilweise mit Deckengemälden ausgestatteten Wohnräume des Propstes und im 2. Obergeschoss einen in gleicher Weise ausgeschmückten Festsaal.

SCHLOSS FASANERIE

(früher Adolphseck genannt)
Das prachtvolle ehemalige Sommerschloss der Fuldaer Fürstbischöfe ist über die Frankfurter Straße oder die Berliner Straße und den Fuldaer Ortsteil Bronnzell zu erreichen. Am Ortsende von Bronnzell zweigt links eine lange Allee ab, die direkt zum Schloss führt und Bestandteil der landschaftlichen Gestaltung der Schlossumgebung ist.
Obwohl das Bauwerk ältere Teile enthält (im zweiten Querbau den Adolphshof des Fürstabtes Adolf von Dalberg; 1726–1737), so ist es doch im Ganzen gesehen die Schöpfung des Fürstbischofs Amand von Buseck (1737–1756) und seines Hofbaumeisters Gallasini. Amand von Buseck trat in der Stadt selbst als Bauherr der Barockzeit wenig hervor. Aber er war nicht weniger baulustig als seine Vorgänger. Ihm verdanken wir die bedeutendsten barocken Bauanlagen im Fuldaer Land außerhalb der Residenzstadt. Es sind feinsinnige Anlagen des Zusammenklangs von Natur und Architektur. Der Zugang durch die lange Einfahrtstraße ist eine Einstimmung auf die ganze Anlage. Zwischen Torhäuschen und Pavillons treten wir in den Park ein, zwischen zwei Wachtgebäuden führt die Straße in den äußeren Vorhof, den zwei Kavalierhäuser schmücken. Vier vasenbekrönte Pfeiler öffnen in einer balustergeschmückten, geschwunge-

nen Gartenmauer die Zufahrt zum Ehrenhof, welcher von drei Gebäudeflügeln gebildet wird. Die Seitenflügel haben Eckpavillons als Flankierung des Hofes und ebenso dort, wo sie mit dem Querbau zusammenstoßen. Der Querflügel ist durch einen Mittelbau mit großen Saalfenstern geziert, unter diesem die Tordurchfahrt. Im inneren Schlosshof sind die Seitenflügel nochmals mit dreigeschossigen Pavillons versehen. Der zweite Querflügel ist über die Seitenflügel hinaus verbreitert und endet auf beiden Seiten in einem barocken Turm. Die gebrochenen Dächer haben neben der wohltuenden Gliederung des Gebäudekomplexes einen bedeutenden Anteil an der architektonischen Wirkung.
Zu Schloss Fasanerie gehört ein der Öffentlichkeit zugänglicher prachtvoller Park von 40 Hektar Größe. Die alte barocke Gartenanlage ist nicht mehr vorhanden. In manchen Einzelheiten, dem Schlossweiher vor dem südlichen, etwas klassizistisch umgestalteten Flügel, der barocken Schlossfreitreppe, in dem klassizistisch veränderten Teehäuschen usw., können wir sie noch erahnen. Aber auch der heutige englische Park mit seinen gewaltigen Baumgruppen, seinen verträumten Weihern und bemoosten Steinbänken ist voller Reize. Am herrlichsten ist das Parkbild im Frühjahr, wenn Schlüsselblumen und Anemonen blühen, oder im Herbst, wenn die mannigfaltige Baumwelt geradezu unwahrscheinliche Farbenpracht bietet.

Geschichtliches

Durch die Säkularisation kam das Schloss zunächst an das Haus Oranien. In der Zeit der Franzosenherrschaft diente es zeitweise als Lazarett und wurde später von Napoleon seinem Marschall Duroc geschenkt. 1816 kam es an Kurhessen. Seit 1882 den Landgrafen von Hessen gehörend, war das Schloss bis 1917 die Sommerresidenz der Landgräfin Anna von Hessen, Prinzessin von Preußen. Seit 1928 ist die Kurhessische Hausstiftung, eine nach dem Ersten Weltkrieg von der Landgräflich Hessischen Fürstenfamilie errichtete Stiftung, Eigentümerin des Schlosses.

Musikzimmer

Das Innere

Nach erheblichen Kriegszerstörungen wurde das Innere des Schlosses durch Landgraf Philipp von Hessen zu einem Museum umgestaltet, dessen Besuch unbedingt empfehlenswert ist. Die barock mit reizvollem Stuck und Deckengemälden ausgestatteten Zimmer und Säle – auch die Kaisertreppe zählt hierzu – sind ebenso wie die unter Kurfürst Wilhelm II. von dem Hofbaudirektor Bromeis umgestalteten Räume an sich schon sehenswert. Darüber hinaus sind sie ihrer Zweckbestimmung als Repräsentations- und Wohnräume jeweils entsprechend komplett ausgestattet und mit Möbeln, Bildern, Gobelins, Plastiken und Teppichen reich versehen.

Außerdem enthält das Schloss eine beachtliche Antikensammlung und eine reichhaltige Sammlung deutscher und europäischer Porzellane, welche durch eine gesonderte Führung zugänglich gemacht werden. In den Monaten, in denen das Schloss geöffnet ist (Anfang April bis Ende Oktober) finden dort Themenführungen, Führungen für Kinder, Konzerte und Freiluftveranstaltungen statt.

DER PETERSBERG

Unter allen Sehenswürdigkeiten in Fuldas nächster Umgebung verdient die alte Kirche auf dem Petersberg den ersten Platz. Die Aussicht von dem 400 Meter hohen Berg auf Rhön und Vogelsberg ist berückend. Die Stadt im Fuldatale und der mächtige, nahe gelegene Rauschenberg beleben das Landschaftsbild reizvoll.

Geschichtliches

Der Petersberg hat eine bedeutende und ehrwürdige Vergangenheit. Schon Fuldas fünfter Abt, Rabanus Maurus (822–842), errichtete hier ein Kloster mit Kirche. 836 wurden die Gebeine der hl. Lioba von der Fuldaer Stiftskirche feierlich auf den Petersberg übertragen. 842–847 lebte Raban selbst auf dem Berg, ganz der Wissenschaft und dem Mönchsleben hingegeben. Es war die Zeit nach der Niederlegung seiner Abtswürde und vor der Besteigung des erzbischöflichen Thrones von Mainz. 915 durch die Ungarneinfälle verwüstet, wurde die Kirche von Abt Haicho (917–923) wiederhergestellt. Auch in den späteren Jahrhunderten wurden an der Kirche Zerstörungen angerichtet und wieder beseitigt. Von derartigen Ereignissen hören wir 1331 im Fuldaer Bürgeraufstand, 1525 im Bauernkrieg und des Öfteren im Dreißigjährigen Krieg (1618–1648). 1802 wurde die Propstei säkularisiert. Von den alten Klostergebäuden blieb nichts erhalten.

Zur Baugeschichte der Kirche

Die Baugeschichte der Petersberger Kirche umfasst ein Jahrtausend. Schon ein flüchtiger Blick auf das Äußere zeigt romanische, gotische und barocke Bauelemente.

Unter Rabanus Maurus (822–842) wurde eine Kirche als dreischiffige Basilika mit Kloster erbaut. Von diesem Bau haben sich das Untergeschoss des Westturmes, die Vierung mit ihren Bögen und die linke, nördliche Seitenkapelle sowie die Krypta erhalten. Der ursprüngliche Portalbogen des Haupteinganges dieses karolingischen Baues ist auch von außen zu erkennen. Im Innern der Turmkapelle sind Archivolte und Kämpfer des karolingischen Portals erkennbar.

Nach den großen Zerstörungen zur Zeit der Ungarneinfälle wurde eine umfangreiche Wiederherstellung unter Abt Haicho (917–923) notwendig. Dabei wurde die Apsis des Chorraumes und der mittleren Kryptanische durch eine gerade Ostwand ersetzt. An Stelle des Benediktinerklosters trat jetzt ein Kollegiatstift weltlicher Chorherren.

In romanischer Zeit baute Propst Reginfried die Kirche 1153 dergestalt um, dass die südliche Chorkapelle erweitert und infolgedessen der Krypta eine vierte Nische angefügt wurde. Wenig später (um 1170) ließ der Propst Gundelaus das Obergeschoss des Chorquadrats zu einem Oktogon verändern und die ursprüngliche Eingangshalle zu einem Westturm ausbauen. Trotz dieser Baumaßnahmen dürfte im Wesentlichen die von Raban errichtete dreischiffige Basilika erhalten geblieben sein.

Kein Umbau hat das Erscheinungsbild der Kirche so verändert wie der spätgotische, 1479 unter Propst Wilkin von Küchenmeister abgeschlossene. An die Stelle des dreischiffigen Langhauses trat nun ein einschiffiger gotischer Saal, der zwischen Turm und Vierung auf den Außenmauern der einstigen Seitenschiffe errichtet wurde und dessen hohes Satteldach nun nicht mehr zu den übrigen Maßstäben passte.

Die Barockzeit hat den eigentlichen Baukörper der Kirche nicht mehr verändert. Das Oktogon über der Vierung erhielt an Stelle des ehemaligen spitzen Daches eine barocke Haube. Propst

Kirche St. Peter

Odo von Riedheim gab dem Portal einen frühbarocken Umbau (1685). Leopold Specht von Bubenheim ließ 1738 die Kirche mit dem das Gesamtbild äußerst günstig beeinflussenden Mauerwerk umgeben. Im 19. Jahrhundert wurde nach der Säkularisation das ehrwürdige Rabanuskloster abgerissen.

Das Innere

betreten wir über die auch im Kirchenschiff hinter dem Portal noch steil hochführende Treppe. In der Turmkapelle Taufstein von 1570 und Kreuzweg in Tonplastik von Prof. Sauter, Kassel (1928). Die Turmkapelle wurde in jüngster Zeit als Taufkapelle eingerichtet. Der Bildhauer Johannes Kirsch (Petersberg) schuf dazu den Taufsteindeckel (Taufe Jesu) und den Osterleuchter.

Wir stehen nun in einem durch hohe gotische Fenster kräftig belichteten rechteckigen Raum. Die Ostwand, die Hauptschiff von Querschiff und Vierung trennt, erinnert an die alte karolingische dreischiffige Säulenbasilika. Der Triumphbogen mit seinen Kämpfern steht noch vom Rabanusbau erhalten vor uns. Die Kassettenholzdecke, mit aus dem frühen 17. Jahrhundert (Manierismus) stammender Bemalung mit Blumenornamenten, trägt im ovalen Rahmen fünf Gemälde gleicher Entstehungszeit. Dargestellt ist in der Mitte die Aufnahme Mariens in den Himmel; die vier weiteren kleineren Ovale enthalten Darstellungen von vier Kirchenlehrern (Anselm von Canterbury, Ildephons von Toledo, Isidor von Sevilla und Gregor der Große), die sich besonders der Marienverehrung angenommen hatten. An den Seitenwänden (links) ein frühbarocker Altaraufbau (vor 1690) mit Darstellung des hl. Joseph (J. A. Herrlein 1750). Daneben und gegenüber Figuren der Heiligen Katharina und Apollonia (um 1700).

An der Südwand des Langhauses eine fast die gesamte Raumhöhe einnehmende Darstellung des hl. Christophorus, vermutlich aus der Zeit des Umbaus der Kirche 1479 unter Propst Wilkin von Küchenmeister.

Von höchster Bedeutung sind die zu beiden Seiten des Triumphbogens eingelassenen romanischen Reliefbilder, rechts Christus als Weltheiland auf dem Regenbogen thronend, links Maria als Himmelskönigin mit dem Jesusknaben und Lilie. Gleichaltrige Darstellungen finden wir an der Südwand des Langhauses in dem Reliefbild von Bonifatius (vgl. Abbildung S. 21) und einem Fragment aus einer Schlüsselübergabe an Petrus; außerdem an der gegenüberliegenden Wand unterhalb der barocken Kanzel in den Reliefdarstellungen von Karlmann (?)

Krypta der Kirche St. Peter

und Pippin (?) sowie eines von Hunden gehetzten Hirsches als Symbol der von den Sünden verfolgten Seele.

Der Zusammenhang der aus dem 12. Jahrhundert stammenden Reliefs mit romanischer Buchmalerei und Elfenbeinreliefplastik ist deutlich. Als überaus seltene Denkmale frühromanischer Steinplastik von majestätisch feierlicher Schönheit und in bestem Erhaltungszustand sind sie von hohem kunstgeschichtlichem Wert.

Vor der Vierung ein Ambo, bestehend aus einem Stein, der von vorn ein romanisches Blendfenster, umrahmt von Schachbrettornament, das wiederum von einem Seilornament umgeben ist, darstellt. Auf der Rückseite trägt dieser Stein die Bauinschrift mit Wappen des Propstes Wilkin von Küchenmeister, datiert 1479.

Die Vierung (Chorquadrat) geht oben ins Achteck über. Die Arkadenbögen mit den überaus fein gearbeiteten romanischen Säulen und Kapitälen wurden erst 1928 freigelegt.

Der Altarraum, einst vermutlich mit halbrunder Apside, ist heute ein tonnengewölbtes Rechteck. Der Hochaltar etwa von 1730, das Altarbild aus dem 19. Jahrhundert.

In der südlichen Seitenkapelle ein vorzüglich geschnitzter frühbarocker Altar, wohl das beste Stück Fuldaer Schnitzarbeit um 1700, das sich im Fuldaer Land erhalten hat.

Die Kirche einschließlich Krypta enthält eine ganze Sammlung von Grabdenkmälern von der Renaissance über Barock und Rokoko bis zum Klassizismus.

Die KRYPTA erreicht man durch die aus dem Hauptschiff hinabführenden Treppen. Sie besteht aus drei tonnengewölbten Nischen mit einem vorgelagerten Quergang. In der Mittelnische befindet sich wie in früherer Zeit der Sarkophag der hl. Lioba und seit 1995 auch die Reliquie ihres Hauptes. Die bronzene Abdeckung des Sarges und der sechsseitige Reliquienschrein wurden von Lioba Munz (OSB der Abtei St. Maria in Fulda) entworfen. Letzteren gestaltete sie in Zusammenarbeit mit Goldschmiedemeister Traugott Adolph (Fulda).

Die Vorderseite des Altars der Mittelnische wird heute von der wieder gefundenen Altarplatte des Rabanus Maurus mit Inschrift gebildet. Sie zeigt, dass der Altar der Hl. Jungfrau und Gottesgebärerin Maria und allen heiligen Jungfrauen geweiht war. Ebenso ist in der linken Seitennische die alte Altarplatte des ehemaligen Hochaltars der Oberkirche erhalten. Der ursprüngliche Altar dieser Nische, dessen Altarplatte verloren ist, war dem hl. Johannes d. T. und den Propheten und Vätern des Alten Bundes geweiht. Aus der ehemaligen Altarplatte der rechten Kryptanische ist ein romanisches Einsteinfenster gehauen worden, das sich im Unterbau des Südschiffes (vierte, südliche Nische) befindet. Ein Teil der Inschrift ist vom Innern aus lesbar. Der Weihetitel bezog sich auf den hl. Erzengel Michael und alle Chöre seliger Geister. Die vierte, südliche Nische fügte Propst Reginfried 1153 der Krypta an; er weihte sie zu Ehren des Apostels Johannes.

Krypta, Darstellung Jesu im Tempel

Von großer Bedeutung für die Kunstwissenschaft sind die in der Krypta befindlichen Wandmalereien. Sie stimmen mit den überlieferten Weihetiteln der Altäre und den wieder aufgefundenen Altarplatten vollinhaltlich überein. Uns erhaltene Gedichte Rabans beweisen, dass Raban die Wandgemälde selbst noch gesehen hat. Auch die nicht mehr vorhandene Apsis der Oberkirche war ausgemalt. Raban beschreibt dieses Gemälde sogar besonders ausführlich. Die Wandmalereien der Krypta sind vermutlich 836, spätestens aber vor 847 entstanden. In der Mittelnische sind dargestellt Maria mit Jesuskind in großer Mandorla; im Gewölbe links weibliche, rechts männliche Heilige; im Bogengurt Rundbilder mit Heiligen. In der linken Nische im Scheitel Christus im Jordan, links war wohl eine Abbildung Johannes des Täufers, rechts Gewand tragende Engel. Über dem Altar

Innenraum der Kirche St. Peter

das Lamm Gottes und um den Altar Prophetengestalten. Im Gewölbe des Quergangs, zwischen mittlerer und linker Nische, Fragmente vermutlich einer Verkündigung an die Hirten und an der Wand gegenüber der linken Nische vermutlich eine Darstellung Christi im Tempel. An der linken Seitenwand der rechten Nische (Tonnengewölbe und rechte Seitenwand sind nicht mehr erhalten) Engelgestalten. Die künstlerische Ausgestaltung der Krypta reicht mit ihren Wandgemälden und Altarplatten also eindeutig in die Zeit des Rabanus Maurus und in die Zeit der Übertragung der Gebeine der hl. Lioba zurück. An der Rück-

wand der Krypta befindet sich eine Reliquiennische mit Resten ihrer Holzauskleidung aus der Erbauungszeit der Kirche.

Seit dem 8. April 1996 unterhält die 1920 in Freiburg i. Br. gegründete Kongregation der „Benediktinerinnen von der Hl. Lioba" in Petersberg eine Cella (unmittelbar unterhalb der Kirche). Die Schwestern widmen sich der Verehrung der Heiligen an ihrer Grabstätte. Sie versehen den Sakristeidienst und wollen Ansprechpartnerinnen für Pilger und Besucher sein.

(Adresse: Cella St. Lioba, An St. Peter 1, 36100 Petersberg, Tel. 0661/62279)

Ausflugsziele in der Rhön

Rasdorf, nordöstlich von Fulda gelegen, ist über die B 27 und B 84 (ab Hünfeld) zu erreichen. Sehenswerte gotische ehemalige Stiftskirche mit romanischen Bauteilen (ungewöhnliche Kapitelle). Größter Dorfplatz – Anger – Hessens; Wehrfriedhof.

Rasdorf/Point Alpha (an der Straße nach Geisa), eindrucksvolle Erinnerungs- und Gedenkstätte der deutschen Teilung; „heißester Punkt" im kalten Krieg. Hier standen sich vier Jahrzehnte lang Vorposten von NATO und Warschauer Pakt unmittelbar gegenüber. Dort sind die Beobachtungsanlagen, Unterkünfte und militärisches Gerät des 11. Amored Cavalry Regiments „Blackhorse" sowie Dokumentationen zu Entstehung und Aufgaben von Point Alpha zu sehen. Das „Haus auf der Grenze" enthält eine Dauerausstellung zum Grenzregiment der DDR. Auf thüringischer Seite sind die martialischen Grenzbefestigungen des am weitesten westlich gelegenen Teils des ehemaligen Ostblocks zu sehen. Sehr sehens- und bedenkenswert ist der von der Point-Alpha-Stiftung projektierte „Weg der Hoffnung". Er erstreckt sich ca. 1,5 km auf dem ehemaligen Todesstreifen der DDR-Grenze. Der Künstler Dr. Ulrich Barnickel schuf in Anlehnung an den biblischen Kreuzweg 14 monumentale Skulpturen mit denen er an den Widerstand gegen die kommunistischen Diktaturen in Mittel- und Osteuropa erinnert.

Hofbieber (500 m), mit Feriendorf. Von Fulda kommend am Ortseingang rechts Zufahrt zum Golfplatz des Golfclubs Rhön e.V. Fulda.

Die Milseburg (Berggipfel nur für Fußwanderer erreichbar). Wer sich auch nur für einen halben Tag für den Besuch der Rhön frei machen kann, der sollte die Milseburg besuchen. Sie ist der markanteste Berg der Rhön. Man fährt von Fulda über Petersberg, Margretenhaun, Kleinsassen bis zur Passhöhe (Wendebuche), dann rechts nach Danzwiesen (Parkplatz). Von hier zum Gipfel (835 m) 1/2 Stunde. Großartige Felspartien, gewaltige Geröllfelder, durchsetzt von windzerzausten Buchen. Am Südwesthang heute noch Urwald. Ein Gang rund um den sargförmigen Bergkegel ist ein eindrucksvolles Naturerlebnis. Der Berg ist Naturschutzgebiet. Ein prähistorischer „Lehrpfad“ soll die Bedeutung dieses keltischen Stammeszentrums vor 2000 Jahren darlegen. Ringwälle, Toreinfahrten und Vorwerke einer Burg sind noch gut erkennbar. Vielleicht ist sie auch noch in germanischer Zeit als Fliehburg benutzt worden. Der Name des Berges dürfte noch keltischen Ursprungs sein und „Burg über dem Bergbach“ bedeuten. Melissia hieß: Berg- oder Hügelbach. Auf dem Gipfel eine an den Felsen geschmiegte Bergkapelle. Daneben ein bewirtschaftetes Schutzhaus. Auf der höchsten Spitze barocke Kreuzigungsgruppe. Hier überwältigende Rundsicht.

Kleinsassen. Am Fuße der Milseburg liegt das Malerdorf Kleinsassen. Die dortige Kunststation bietet wechselnde Ausstellungen, das „Pfundsmuseum“ zeigt die Geschichte der Gewichte (Pfund).

Das Ulstertal. Überaus reizvolles Gebirgstal mit prachtvollen Bergen und schönen Landschaftsbildern von der Ulsterquelle bis zum thüringischen Geisa. Fremdenverkehrsorte vor allem:

Ehrenberg-Wüstensachsen (550 m), zwischen Wasserkuppe und Hoher Rhön nahe der Ulsterquelle. Zahlreiche dankbare Ausflugsmöglichkeiten.

Hilders (460 m), Luftkurort mit schönem, modernem Schwimmbad. Landschaftlich reizvoll gelegen. Gute Wandermöglichkeiten. Tann (381 m), mit ebenfalls herrlich gelegenem Schwimmbad, einem originellen Stadttor und Schlössern der Frhr. von der Tann, Museumsdorf. Im gesamten Ulstertal gute Autostraße, die über das Rote Moor auf der Hohen Rhön nach Bischofsheim weiterführt.

Die Wasserkuppe (950 m), der höchste Berg der Rhön. Der Berg der Flieger, die Geburtsstätte des Segelfluges, dem ein großes Museum gewidmet ist. Auf der Höhe über den romantischen Berghängen und Ausläufern dehnen sich gewaltige

Hutflächen, wie sie in ihrer Weite den Charakter der „Hohen Rhön" ausmachen. Von Gersfeld, Wüstensachsen und Abtsroda führen Autostraßen auf den Berg. Mehrere Berggasthöfe. Großartige Fernsicht.

Poppenhausen (450 m). Zahlreiche lohnende Ausflüge vor allem zum Ebersberg mit Burgruine, Wachtküppel, zu den landschaftlich prachtvollen westlichen Ausläufern der Wasserkuppe, dem Pferdskopf und der Eube.

Gersfeld (500 m), anerkannter Kneipp- und Luftkurort – Wintersportplatz. Endstation der Bahnstrecke Fulda–Gersfeld. Hübsches, in einem Talkessel gelegenes Städtchen im Herzen der Rhön mit anerkanntem Reizklima. Auf allen Seiten von Bergen umgeben. Schloss und Park (bis 1785 den Herren von Ebersberg gehörend, jetzt von Waldthausen). Kurbetrieb, Kneipp-Badeanlagen, Moorbäder, Schwimmbad, Tennisplätze, Kleingolfplatz, Skisport, Hochwildschutzpark. Zahlreiche gute Hotels, Gaststätten und Pensionen.

Die Hochrhönstraße verbindet die beiden hübschen unterfränkischen Städtchen Bischofsheim und Fladungen. Von beiden Orten gewinnt sie rasch eine Höhe von durchschnittlich 800 m und eröffnet dem Besucher so die inzwischen weitgehend geschützte, ursprünglich gebliebene Landschaft der Hohen Rhön mit großartigen Ausblicken. Die Parkplätze bieten sich als Ausgangspunkte für Wanderungen an. Oberhalb von Fladungen führt die Straße am Naturschutzgebiet Schwarzes Moor entlang. Vom dort angelegten großen Parkplatz kann man auf einem Bohlenpfad durch das Moor gehen. Aus den Tälern der Ulster (von Wüstensachsen und von Seiferts aus) und der Streu (von Oberelsbach und von Roth aus) führen ebenfalls Straßen zur Hochrhönstraße.

Der Kreuzberg (930 m), der höchste Berg der südlichen Rhön, der heilige Berg der Franken. Autostraße von Fulda über Gersfeld, dann durch eindrucksvolle Berglandschaft über die Passhöhe der Schwedenschanze nach Bischofsheim. Von hier aus Autostraße auf die Berghöhe. Viel besuchter Ausflugs- und Wallfahrtsort. Franziskanerkloster mit Kirche (erbaut 1681–

Die Milseburg

1699). Gaststätte mit Hospiz und Klosterbrauerei. Oberhalb des Klosters barocke Kreuzigungsgruppe.

Bad Brückenau. Von Fulda aus über die Autobahn oder die B 27 zu erreichen. Die Bundesstraße führt durch die schönsten Gegenden der Südrhön. Kurz vor Erreichen des Zieles auf einer Bergkuppe das ehemalige Kloster Volkersberg (jetzt Landvolkshochschule und Jugendhaus), danach das hübsche Städtchen und Heilbad Bad Brückenau. Reizvolle fränkische Kleinstadt. Hier rechts abfahren nach dem stillen Staatsbad Bad Brückenau im waldumsäumten Sinntal. Das Bad ist als Nierenheilbad berühmt (Wernarzer Quelle). Ursprünglich von den Fuldaer Fürstbischöfen Amand von Buseck und Heinrich von Bibra angelegt, zeigt es in vielem heute noch die Formen der barocken Gestaltung. Am schönsten ist dies von der Terrasse des Hotels Fürstenhof aus zu überblicken. Mittelachse der Gesamtanlage vom Fürstenhof durch die Kuranlagen zum Kellerbau. Der schöne klassizistische Kursaal mit Freitreppe und Rundgängen mit

Arkaden wurde 1827–1833 von König Ludwig I. angelegt. Das Kurhaus ist modern. Der Kurpark verliert sich nach allen Seiten in eine sehr schöne Landschaft. Stimmungsvoll gelegene, dem Landschaftsbild vorzüglich angepasste katholische Kirche (1908, nach Plänen von Dollinger). Kurmittelhaus (eröffnet 1970) mit allen modernen therapeutischen Anwendungsmöglichkeiten. Das Zusammenspiel von Architektur und Natur macht den besonderen Reiz von Bad Brückenau aus.

Ausflugsziele im Vorderen Vogelsberg

(westlich von Fulda)

Bad Salzschlirf, seit 1838 anerkanntes Heilbad gegen Rheuma, Gicht, Herz- und Kreislauferkrankungen, Hauterkrankungen – 250 bis 500 m ü. M., liegt zwischen Rhön und Vogelsberg, 17 km von Fulda entfernt. Bad Salzschlirf bietet mit seinen Kureinrichtungen die sinnvolle Kombination von natürlichen Heilmitteln und der fortschrittlichen Medizin. Es verfügt über ein großzügiges Solehallenbad, weiträumige Kuranlagen, 140 km markierte Wanderwege, zahlreiche Freizeiteinrichtungen und viele Unterhaltungsmöglichkeiten.

Großenlüder. Ein lohnendes Ausflugsziel in Fuldas Umgebung ist zum Beispiel auch der Ferienort Großenlüder. Großenlüder mit seinen sieben Ortsteilen liegt im Fuldaer Teil des Vogelsberges. Idyllische Flusstäler mit alten Mühlen durchziehen das Gemeindegebiet. Sehenswert ist neben schmucken Fachwerkhäusern aus dem 18. Jahrhundert die Pfarrkirche, deren ältester Teil aus dem Jahr 822 stammt. Der Ortsteil Kleinlüder, der direkt an dem großen Waldgebiet des Gieseler Forstes liegt, hat sich in den letzten Jahren zum beliebtesten Ferienaufenthalts- und Ausflugsort der Gemeinde entwickelt. Die Ausflugslokale „Hessenmühle“ und „Kleinheiligkreuz“ sind Ausgangsorte für Wanderungen im Gieseler Forst.

Schlitz. Ungewöhnlich reizvolles kleines Städtchen 20 km nordwestlich von Fulda. Mittelalterlich anmutendes Stadtbild, geprägt von den Burgen der Grafen von Schlitz. Hübscher Marktplatz, sehenswerte Kirche. Zahlreiche Fachwerkbauten, Sitz der Landesmusikakademie Hessen.

VERZEICHNIS DER IN DIESEM FÜHRER GENANNTEN KÜNSTLER

Artari, Giovanni Battista, geb. 20.10.1664 in Arogno bei Lugano. Seine Ausbildung genoss er in Rom. Für sein Künstlertum wirkte sich dies höchst bedeutsam und fruchtbar aus. Das Studium der Antike gab seinen Werken eine klare und klassische Formbildung. Artari war außer in Fulda auch in Rastatt, Hadamar und Aachen tätig. Von ihm stammen im Dom u. a. die Apostelstatuen (Ausnahme Thomas), die Statuen in der Andreas- und zwei weitere in der Johanneskapelle, die Assistenzfiguren am Benediktus- und Sturmiusaltar, die Engel in der Vierungskuppel und die Dreifaltigkeitsgruppe über dem Hochaltar.

Columba, Luca Antonio, geb. 29.11.1674 in Arogno bei Lugano, gest. 1737 dortselbst. Er ist der bedeutendste Barockmaler, der jemals in Fulda arbeitete. Er wirkte hauptsächlich in Wien, Prag und Budapest für den Prinzen Eugen von Savoyen, öfters für den Herzog von Württemberg, den Kurfürsten von Mainz und für das Haus Thurn und Taxis. Im Fuldaer Dom arbeitete er in engster Gemeinschaft mit seinem Landsmann Artari. Columba schuf die Evangelistendarstellungen in den Zwickeln der Vierungskuppel und die Prophetenporträts im Querschiff.

Dientzenhofer, Johann, geb. 1663 bei Brannenburg/Obb., kam im Alter von 10 Jahren nach Prag zu seinem Bruder Christoph und erlernte dort das Maurerhandwerk. Als über Dreißigjähriger ging er zu seinem Bruder Leonhard, Hochstiftsbaumeister in Bamberg. Nach einer mehrmonatigen Reise nach Rom trat er 1700 in fuldische Dienste und kehrte 1711 als Hofbaumeister nach Bamberg zurück, wo er 1726 starb. Die Hauptwerke des Johann Dientzenhofer sind neben dem Fuldaer Dom die Klosterkirche Banz, Schloss Pommersfelden, die Concordia in Bamberg, Schloss Kleinheubach, im Fuldaer Land das Schloss zu Fulda und Schloss Bieberstein in der Rhön. Seine künstlerische Gestaltung und Reife fand Dientzenhofer in Rom und Prag.

Gallasini, Andrea, geb. 30.12.1681 in Lugano. Von 1720–1762 in fuldischen Diensten, ab 1730 als Hofbaumeister. In der Stadt baute er u. a. die Universität, das Heilig-Geist-Hospital und die Hauptwache; im fuldischen Gebiet Kirchen und die Sommerresidenz Fasanerie, das Schloss in Hammelburg sowie die Barockbauten der Propstei Johannesberg. Er starb 1766 in Bartenstein.

Herrlein, Johann Andreas, geb. 10.10.1723 in Münnerstadt, kam wohl 1746 nach Fulda. Er wurde hier Gehilfe und Schwiegersohn des Hofmalers E. Wohlhaubter und nach dessen Tod 1756 selbst Hofmaler. Werke von ihm haben sich insbesondere in der Klosterkirche Frauenberg, in der Stadtpfarrkirche aber auch in der Gemäldesammlung im Stadtschloss erhalten. Er starb 1796 in Fulda.

Jung, Christoph, kam 1699 von Rothenburg o. T. nach Fulda und starb hier 1750. Er war Staffiermaler und Vergolder. Von ihm stammen die Altarblätter zum Anna-, Valentinus- und Thomasaltar im Dom.

Neudecker, Johann d. Ä., geb. 1663 in Miltenberg, gest. 1718 in Hadamar. Wurde in der Werkstatt des Zacharias Junker in Miltenberg ausgebildet. Seit 1692 war er tätig in Hadamar am Sitze des Fürsten von Nassau-Hadamar. 1708 nach Fulda berufen, arbeitete er für Schleiffras im Dom und außerdem mythologische Sandsteinfiguren für den Schlosshof und den Schlossgarten. Anschließend tätig für das Kollegiatstift Amöneburg und das Zisterzienserkloster Marienstatt. Er ist der Meister des Bonifatiusaltars (Krypta) und der Benediktus- und Sturmiusfiguren an den jeweiligen Altären sowie des David und Isaias neben dem Hochaltar des Domes.

Schwarzmann, Andreas, kam von Waldsassen nach Fulda, wo er zunächst als Gehilfe Artaris arbeitete. Er wurde später Fuldaer Hofstukkateur und schuf die hervorragenden Werke: Decke des Fürstensaales im Residenzschloss, Saal der Orangerie, Oratorium der ehemaligen Universität, Kapelle des früheren Päpstlichen Seminars. Diese späteren Arbeiten werden in der Kunstwissenschaft zu den besten Stuckarbeiten des deutschen Barocks gezählt. Zur Ausstattung des Domes hat er den Kreuz- und den Simplicius- und Faustinusaltar beigetragen. Gestorben 1739 in Fulda.

Steidl, Melchior, geb. in Innsbruck, gest. 1720, seit 1687 Meister in München. Arbeiten von ihm u. a. in St. Florian, Kremsmünster, St. Peter in Salzburg, Juliusspital in Würzburg, Residenz in Bamberg und Kloster Banz. In Fulda haben sich von ihm erhalten die prachtvolle Decke des Fürstensaales und die Deckenfresken der Katharinenkapelle und im Haupttreppenhaus des Schlosses. Von Steidl wurden die Kuppelzwickel in allen Kapellen der Seitenschiffe des Domes ausgemalt.

Weber, Andreas Balthasar, kam als Bildhauer aus der Grafschaft Schwarzenberg (Nähe Marktbreit/Unterfranken) nach Fulda und leistete hier 1704 den Bürgereid. Er ist der Meister der Figuren an der Fassade des Domes und der Statuen in der Bonifatiusgruft. Holzarbeiten von ihm sind dort die Schnitzereien der Kanzel und des Orgelprospekts. Weitere Werke Webers sind u. a. die Fortuna auf dem Risalit des Mittelbaues des Schlosses, der Dianabrunnen im Schlosshof, die Pietà in der Michaelskirche und vermutlich die Plastiken des Paulustores.

Wohlhaubter, Emanuel, geb. 1683 in Brünn, gest. 1756 in Fulda; ausgebildet in Italien und Wien, war von 1723–1756 Fuldaer Hofmaler. Er war in erster Linie Freskomaler. Von ihm stammen alle Deckenbilder, die im Fuldaer Barock zwischen 1724 und 1756 gemalt wurden (Orangerie, Kaisersaal des Schlosses, Päpstl. Seminar, Oratorium der Universität, Säle im Residenzschloss und im Schloss Fasanerie und viele andere).

Fulda von A bis Z

Auskunft in Reiseangelegenheiten

Amtliches Reisebüro Helmut Krug (DER), Tel. 4801780
Steinweg 16 und Bahnhofstr./Ecke Heinrichstr. 8 und 869780

Bürgerbüro

Stadtschloss Tel. 1021111

Büchereien

- Hochschul- und Landesbibliothek, Tel. 9640970
  Heinrich von Bibra-Platz 12 und Marquardstr. 35 und 9640960
- Bibliothek des Bischöfl. Priesterseminars und der Theologischen Fakulatät Domdechanei Tel. 87531
- Centralbücherei, Friedrichstr. 22 Tel. 22526
- Stadtarchiv, Bonifatiusplatz 1-3 Tel. 1021450
- Leitmeritzer Heimatarchiv, Schlossstr. Tel. 78952

Deutsche Bahn AG

Auskunft Tel. (01805) 996633

Erste Hilfe bei Unfällen

Feuerwache, An St. Florian 4 Tel. 8392-0 (Notruf 112)
Polizeistation Fulda, Severingstr. 1-7 Tel. 105-310 (Notruf 110)
Rettungsdienst und Krankentransport Tel. 19222

Führungen

Auskunft und Buchung bei der Tel. 1021813
Tourist-Information, Stadtschloss und 1021814

Fundbüro

Tel. 102-1111

Golfplätze

Golfplatz Hofgut Praforst, Dr.-Detlev-Rudelsdorff-Allee 3, 36088 Hünfeld Tel. (06652) 9970
Golfclub Rhön e.V. Fulda
Am Golfplatz, 36145 Hofbieber Tel. (06657) 1334

Gottesdienste

Katholischer Sonntagsgottesdienst im Dom:
7.00, 9.30, 11.30 und 18.30 Uhr
Katholischer Sonntagsgottesdienst in der Stadtpfarrkirche
St. Blasius: 7.30, 9.00 und 11.00 Uhr,
Vorabendmesse 18 Uhr (Winter 17 Uhr)
Evangelischer Sonntagsgottesdienst in der Christuskirche: 10 Uhr.

Jugendherberge

Fuldaer Jugendherberge, Schirrmannstraße 31 Tel. 73389

Kinder-Akademie Fulda

Mehlerstr. 4 Tel. 902 73-0
Mo.–Fr. 10–17.30 Uhr
So. 13–17.30 Uhr; Sa. 13-17.30 Uhr (1. Okt.-30. April)

Kirchliche Behörden

Bischöfliches Generalvikariat, Paulustor 5 Tel. 87-0
Dekanat des Kirchenkreises Fulda,
Heinrichstraße 2 Tel. 73418
Deutscher Evangelischer Kirchentag,
Leitung Fulda, Magdeburger Straße 59 Tel. 969500
Jüdische Gemeinde Fulda, Von-Schildeck-Str. 13 Tel. 70252

Krankenhäuser

Klinikum Fulda, Pacelliallee 4 Tel. 84-0
Herz-Jesu-Krankenhaus, Buttlarstraße 74 Tel. 15-0

Museen

Vonderau-Museum der Stadt Fulda: versch. Sonderausstellungen,
Museumsbau, Universitätsstraße 6, Di.–So. 10–17 Uhr,
montags geschlossen Tel. 928350
an allen Feiertagen geöffnet
Historische Räume im Stadtschloss
Geöffnet: tägl. außer Freitag 10 – 17 Uhr, Fr. nur 14 – 17 Uhr
Führungen im Schloss: 1.April - 31. Okt. um 10.30 und 14.00 Uhr,
freitags nur 14.00 Uhr, 1. Nov – 31. März Mo – Fr 14.00 Uhr,
Sa, So, feiertags 10.30 und 14.00 Uhr. Tel. 102-1814
oder 102-1813
Deutsches Feuerwehrmuseum, St.-Laurentius-Str. 3 Tel. 750-17
Geöffnet: täglich außer Montag 10–17 Uhr,
sowie nach Vereinbarung.

Dommuseum: Funde aus der Gründungszeit des Klosters, Reliquien, Mittelalter, Neuzeit.
Geöffnet: April bis Oktober: Di.–Sa. 10.00–17.30 Uhr, So. und Feiertage 12.30–17.30 Uhr, montags geschlossen
Geöffnet: November bis März: Di.–Sa. 10.00–12.30 Uhr und 13.30–16.00 Uhr, So. 12.30–16.00 Uhr, montags geschlossen
15.1. – 15.2. geschlossen Tel. 87-207

Hochschul- und Landesbibliothek, Heinrich-v.-Bibra-Platz 12, Schausammlung kostbarer Buchschätze, Buchmalerei des Mittelalters. Nach Anmeldung bei dem Direktor.
Voranmeldung nur für Gruppen. Tel. 72020

Museum Schloss Fasanerie (Adolphseck), Eichenzell: Barocke Säle, Antikensammlungen, Gemäldegalerie, Porzellane.
Geöffnet vom 1. April bis 31. Oktober von 10–17 Uhr durchgehend, um 15 Uhr Führung durch Porzellan- und Antikensammlungen, Führungen jede volle Stunde, letzte Führung 16 Uhr. Montags geschlossen. Führung für Kinder dienstags 14.45 Uhr und samstags 13.45 Uhr

Erlebniswelt Blockflöte, Weichselstraße 27, 36043 Fulda.
Öffnungszeiten: nach Vereinbarung Tel. 94670

Polizei

Polizeistation Fulda, Severingstraße 1-7 Tel. 105-0 (Notruf 110)

Postamt

Hauptpostamt, Heinrich-von-Bibra-Platz 5-7 Tel. 01802-3333

Rotes Kreuz

Kreisverband Fulda, St.-Laurentius-Straße Tel. 902910
Krankentransport Tel. 19222

Schwimmbäder

Städt. Sportbad in der Rosenau, Jahnstraße Tel. 299521
Schwimmbad Petersberg, Pfaffenpfad Tel. 602644
Stadtbad Esperanto, Esperantoplatz
(Zugang über Ochsenwiese) Tel. 242919210
Sportbad Ziehers (Hallenbad), Magdeburger Straße Tel. 299541
Sieben Welten Künzell, Wellness-Bad,
Harbacher Weg Tel. 397800

Stadtführungen

Stadtführung von einstündiger Dauer:

Der einstündige Stadtrundgang beinhaltet die Besichtigung von Altstadt, Barockviertel und eine kurze Dombesichtigung, falls keine Gottesdienste oder Konzerte im Dom stattfinden.

Täglich: 11.30 Uhr und 15.00 Uhr

Preis: Erwachsene 3,00 €
Schüler / Studenten 2,00 €

Treffpunkt für diese Führung ist vor der Tourist-Information.

Stadtführung von zweistündiger Dauer:

Führung durch Dom, Michaelskirche (sofern keine Gottedienste u. ä. Veranstaltungen stattfinden) sowie die historische Altstadt.

Samstag: 14.00 Uhr

Preis: Erwachsene 5,00 €
Schüler / Studenten 3,50 €

Treffpunkt für diese Führung ist vor der Tourist-Information.

Buchung und Information:

Tourismus und Kongressmanagement Fulda
Bonifatiusplatz 1
36037 Fulda
Telefon: 0661 102-1813
E-Mail: tourismus@fulda.de
www.tourismus-fulda.de

Taxi

Funk-Taxi Stock Tel. 73136 und 77002
Taxi-Zentrale Tel. 601010 oder 77002 oder 73136
Taxi-Blitz Tel. 402800 oder 0800 5990599
Wagner Taxi Service Tel. 953530
Standplätze: Bahnhof, Rabanusstraße,
Bahnhof-Brücke, Bahnhof-Ost, Unterm-Heilig-Kreuz

Theater

Schlosstheater Fulda, Schlossstraße Tel. 102-1483

Touristinformation

Stadtschloss Tel. 102-1813
und 102-1810 und 102-1812 und 102-1814

Volksfeste

Außer den allgemein üblichen: In der Fastnachtszeit reiche karnevalistische Veranstaltungen, Rosenmontagszug. Am Sonntag nach Fastnacht der so genannte „Hutzelsonntag“ mit Frühlingsfeuern (altes Brauchtum). Sonntag nach Allerheiligen Kirchweih (Kirmes), Schützenfest, Weinfest.